NATIONAL GEOGRAPHIC

Culture Curry

AUF DEN SPUREN DER LIEBE DURCH INDIEN

CHRISTINA FRANZISKET NAGENDER CHHIKARA

Culture Curry

AUF DEN SPUREN DER LIEBE DURCH INDIEN

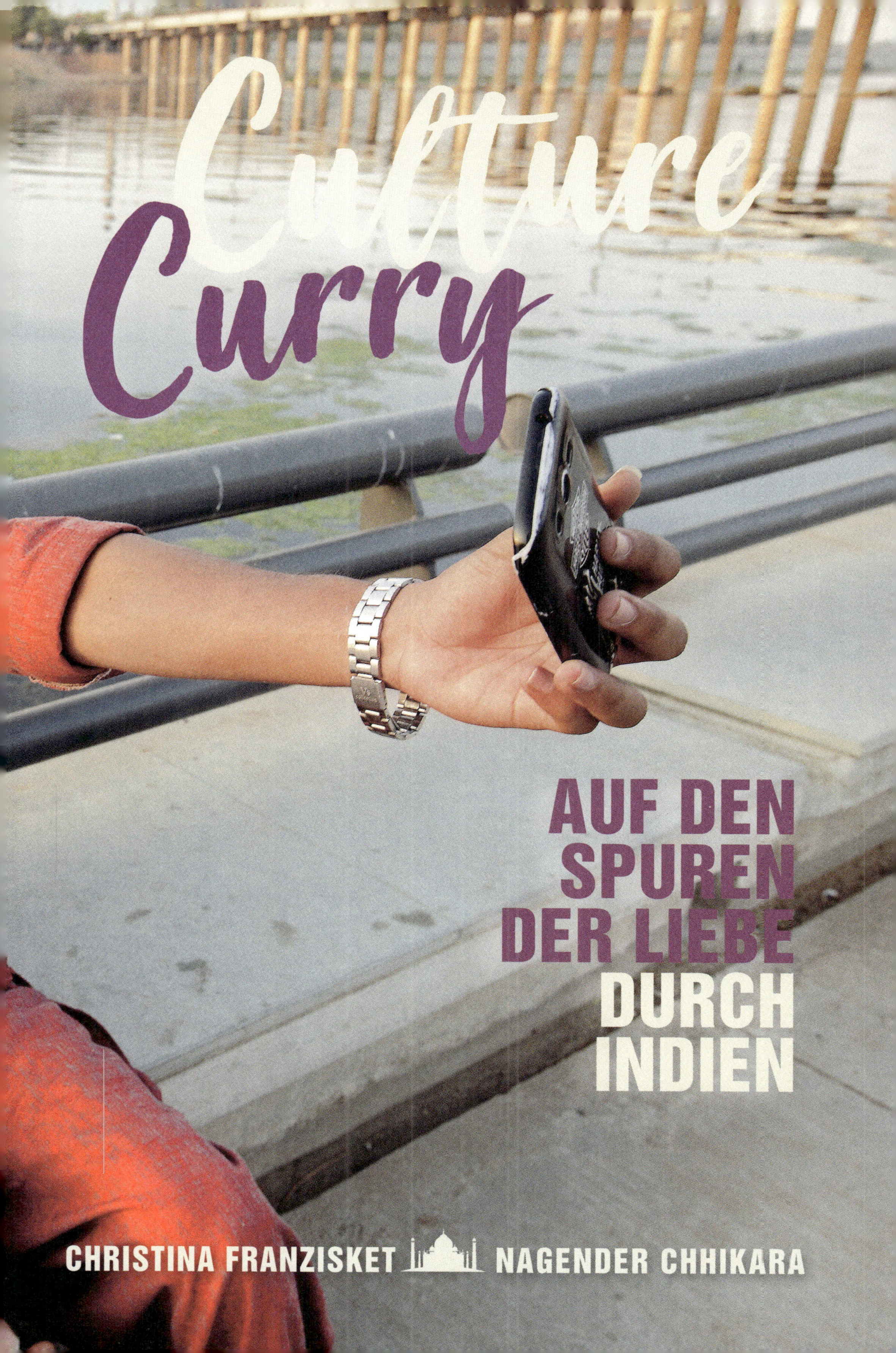

CHRISTINA FRANZISKET NAGENDER CHHIKARA

PUNJAB
HARYANA
Neu-Delhi
Barsana
Agra
RAJASTHAN
Jaipur
Jodhpur
Ajmer
Gwali
Udaipur
Rapar
Palanpur
MADHYA
PRADESH
Mandvi
Bhui
Ahmedabad
GUJARAT

UTTAR
RADESH
Allahabad
Varanasi
Patna
BIHAR
Gaya
hajuraho
Durgapur
JHARKHAND
WESTBENGALEN
Kolkata
Sundarbans

Inhalt

Vorwort

von Andreas Altmann

Hier macht sich eine liebessüchtige Frau auf den Weg. Deutsch, jung und schwer indien-verliebt. Hegel murrte bereits im 19. Jahrhundert über die »Indomanie« seiner Landsleute. Christina F. wird ebenfalls von ihr geplagt. Aber ja, Indien ist kein anderes Land, Indien ist ein anderer Planet. Und die Autorin hat einst von dieser Manie gekostet – und wird sie nicht mehr los. Ein Fieber, das ihr beides verschafft: Freudentränen über maßlose Schönheit und noch maßlosere Verrücktheiten. Und die bitteren Tränen über unauslotbare Blödigkeit und die bittersten Tränen über die Bereitschaft, diese dunkelböse Ignoranz mit Gewalt auszuleben. An Frauen. Das darf nicht sein. So zieht Christina ein weiteres Mal nach Indien, diesmal »auf den Spuren der Liebe«.

Sie wird sie finden. Stopp, das ist ungenau formuliert, denn »Liebe« gibt es nicht. Es gibt nur *Beweise der Liebe.* »Ich liebe dich«, will nichts sagen. Aber Liebe tun liefert das Pfand, dass Liebe im Spiel ist. Ja, Christina wird sie aufspüren, die Frauen und Männer, die einander mit Respekt und unverbrüchlichem Wohlwollen zugetan sind. Die sich – was immer das unheimliche, das grandiose Wort bedeuten mag: lieben.

Und sie wird der anderen Menschenrasse begegnen, jenen, die vom Größenwahn nicht lassen wollen und – radikalisiert von uralter, uralt ranziger Tradition – die Gattin als Hausmagd begreifen. Die tagsüber den Pascha bewirtschaftet und abends für hastige fünf Minuten die Beine spreizt. Hat sie Glück, kommt das Unglück ohne Prügel daher.

Was Christinas Kreuzzug für mehr Leichtigkeit zwischen den Geschlechtern erschwert, ist ihre Erkenntnis, dass viele indische Frauen den »gottgegebenen« Irrsinn – Mann König, Frau Untertan – tatsächlich für die kosmische Gesetzgebung halten. Dass Religion, welche auch immer, seit dem Urknall fleißig und rastlos zur Erniedrigung der Frau beigetragen hat, gilt als alter Hut. Der Hinduismus ist keine Ausnahme.

Dass selbst Männer – sicher nicht die Mehrheit – auftreten, die nichts zu lachen haben in der Nähe ihrer Gattinnen, auch das erlebt unsere Indienfahrerin. Vielleicht begehen diese Herren – wie die Frauen, die unter die Räder geraten – die stets gleiche Ursünde: Sie hoffen. Statt zu handeln.

Was Christinas unbedingten Willen beflügelt, mehr Heiterkeit, mehr erotischen Frohsinn zwischen den Bewohnern des Kontinents zu entdecken, sind gewisse Männer. Gewisse indische Männer! Jene hiesige Minderheit, die irgendwann ihr Hirn in Betrieb nahm und sich von den schauerlich-ewigen Behauptungen verabschiedete. Männer, die kapiert haben, dass eine himmlische Hackordnung nicht existiert, nur Ideen, die einst – von Männern, wem sonst? – in die Welt gezerrt wurden.

An allererster Stelle von Christinas Mitstreitern steht ihr (guter) Freund Nagender Chhikara, der sie begleitet. Als Fotograf der Reise, als Chauffeur, der ihr gemeinsames Gefährt – eine Art rollende, bunt-bemalte Kiste mit Motor – bastelte, als Prachtkerl, der sie beschützt, als Gentleman, der Mut macht und sich auskennt, als Inder, der klug auf die endlosen Fragen seiner Gefährtin antwortet, als einer, der ziemlich genau das tut, was er redet, und den – gar selten geworden im Zeitalter des Selfie-Idiotismus – eine haltlose Neugier auf die Welt antreibt.

Doch Christina, so zügellos verliebt in dieses Land, kann es mit ihm aufnehmen. Ich mag starke Frauen. Stark sein ist sexy. Die 30-Jährige duckt sich nicht, sitzt bei Sturm und Regen hinter Nagender auf dem (dachlosen) Beifahrersitz, motzt nicht, nicht bei teuflischer Hitze, nicht beim Pesthauch lokaler Aborte, nicht bei Pannen, nicht bei Spitzbuben, die den Weg blockieren, nicht bei Irrwegen, nicht bei Hunger und Durst, nicht in der Nähe von moralinsauren Rezeptionisten, die ihnen den Zugang zu Hotelbetten verwehren: da nur beste Freunde und sonst nichts.

Ihr Projekt darf nicht scheitern. Nicht mit einer Frau wie ihr, nicht mit einem Mann wie Nagender. Aber wir sind in Indien und dort finden Rätselhaftigkeiten statt, von denen wir im braven Europa keine Ahnung haben: 7000 Kilometer mitten unter rasend gewordenen Autofahrern heil zu überstehen, das packen nur Helden und Glückspilze.

Noch ein Wort zur Verpackung, in der die Geschichten präsentiert werden, zur Sprache: Miss Franzisket schreibt flott, verschwafelt sich nicht, driftet nie ab – große Gefahr in solchen Weltgegenden – in esoterisch-eseliges Geraune, haut Wut und Mitgefühl raus, packt uns, stiehlt uns keine Minute Lebenszeit, tut, was Könner immer tun: beschenkt uns.

Das wohl berühmteste Wahrzeichen Indiens ist das Taj Mahal. Das Mausoleum wurde zwischen 1631 und 1648 von Großmogul Shah Jahan für seine verstorbene große Liebe Mumtaz erbaut. Heute ist das Gebäude UNESCO-Weltkulturerbe.

HARYANA
Ghilor
Start
Neu-Delhi
Barsana
UTTAR
PRADESH
Agra
Jaipur
Gwalior

Culture Curry

Vom Beginn einer Idee

Auf einer meiner Indienreisen lerne ich in Delhi den Fotografen Nagender kennen. Schon am ersten Abend diskutieren wir leidenschaftlich über die Unterschiede unserer Kulturen, vor allem im Umgang mit der Liebe. Die Kombination unserer beiden Kulturen und unsere unterschiedlichen Persönlichkeiten wirken bis heute in unserer Freundschaft ähnlich wie Curry im Essen – durch die Mischung vieler verschiedener Gewürze entsteht ein unverwechselbarer Geschmack. Deshalb sind Nagender und ich »Culture Curry«. Das diese kulturellen Unterschiede uns jedoch einmal auf die wahrscheinlich abenteuerlichste Reise unseres Lebens bringen würde, ahnen wir lange nicht. Unser größtes Abenteuer beginnt Jahre später, mit einem gescheiterten Rettungsversuch …

Industrie und Abgase schaden dem weißen Marmor. Experten hüllen das Gebäude deshalb von Zeit zu Zeit in Schlamm, um es zu reinigen (oben). Meine Freundin Kanika (unten) lernte ich 2010 als weltoffene und kluge junge Frau kennen.

Fremde Freundin

Agra, Uttar Pradesh

Es ist noch dunkel. Das Grau der Nacht liegt wie ein Schleier auf der Welt. Nebeneinander sitzen wir auf einer Anhöhe unter einem Pavillon aus Stein und warten auf die ersten Sonnenstrahlen. Von hier aus bietet sich eine gute Sicht auf das größte Bauwerk, das wohl jemals aus Liebe geschaffen wurde – das Taj Mahal. Wir, das sind mein bester Freund Nagender, seine Cousine Kanika und ich. Wir beobachten, wie die Morgendämmerung langsam dieses Wunder an Schönheit in Licht taucht. Vögel begleiten das Schauspiel mit ihrem Gesang. Es sind kleine grüne Sittiche, Papageien, Raben und Greifvögel. Pfauen präsentieren ihr Federkleid auf den Dächern der Stadt Agra. Den Kopf in den Nacken gelegt, stoßen sie ihre merkwürdigen Liebesrufe aus. Der Fluss Yamuna schlängelt sich wie ein schwarzes Band dicht am Taj Mahal vorbei. Wir beobachten Eisvögel, die in den Strom eintauchen. Weiße Reiher stelzen durch das flache Wasser am Ufer. Was für eine Artenvielfalt! Langsam vertreibt die Morgenröte das Grau der Nacht. Mit jeder Minute reflektiert der Marmor des Taj Mahals das Licht heller und weicher. Es scheint ein Palast aus Wolken zu sein, so leicht, als könne man mit der Hand hindurchfahren. Wir schweigen und genießen. Ein kühler Wind weht und beschert mir eine Gänsehaut. In solchen Augenblicken liebe ich Indien. Es ist wie ein Glücksrausch für die Sinne.

Mein erster Eindruck, als ich vor acht Jahren zum ersten Mal nach Indien kam, fiel alles andere als positiv aus. Damals war ich 25 Jahre alt, hatte gerade meine Ausbildung an einer Journalistenschule abgeschlossen und wollte drei Wochen mit einer Freundin durch Indien reisen. Die erste Etappe sollte mit dem Zug von Delhi bis nach Kalkutta führen. Alles ganz easy, selbst organisiert, locker und lässig. So sah der Plan aus, den wir zu Hause in Deutschland geschmiedet hatten. Und dann landeten wir in Delhi. Es fing schon damit an, dass wir am Flughafen nicht in das klapprige Taxi steigen wollten. Wir konnten keine Zugtickets buchen, sondern endeten in einem Mietwagen samt Fahrer, der uns von einem Souvenir-Shop zum nächsten karrte. Nach nur drei Tagen rief ich heulend und verzweifelt meinen Vater an; die Freundin lag krank im Bett, eine dubiose »Travel Agency« hatte uns um viel Geld betrogen. Gnadenlos zerstörte das Land unsere Pläne und brach unseren Willen. Völlig überfordert vom lärmenden Chaos, dem Dreck und dem feuchtheißen Klima hockten wir in unserem schäbigen Hotelzimmer, das auch Mücken und anderes Ungeziefer bevölkerten – Indien war schrecklich.

Einziger Lichtblick war das Treffen mit Nagender. Ein Freund aus Deutschland hatte den Kontakt hergestellt. Nagender und ich tauschten vor der Reise ein paar Emails. Er wollte uns seine Heimatstadt Delhi zeigen und uns mit seiner Familie bekannt machen. Wir hofften darauf, Indien abseits des Tourismus zu entdecken. Dass Nagender als Fotojournalist arbeitete, machte eine Begegnung für mich besonders interessant.

Als ich ihn zum ersten Mal sah, humpelte er auf Krücken in die Metrostation Rohini East, wo wir auf ihn warteten. Die schwarzen Haare hingen ihm bis in die Augen und unter dem olivgrünen Polo-Shirt versteckte sich ein Wohlstandsbäuchlein. Als er uns sah, lachte er sein riesiges, ansteckendes Lachen: »Hey Girls, welcome to Delhi!« Er erzählte, dass er nach einer Knieoperation noch ein paar Wochen auf Krücken laufen müsse. Autofahren könne er aber trotzdem, das sei »no problem«. Meine Freundin und ich sahen uns erschrocken an. Das Land hatte uns in der letzten Zeit gelehrt, dass es heikel wurde, wenn jemand »no problem« sagte. Wir stiegen trotzdem zu Nagender ins Auto. Es wurde unsere erste Fahrt ohne erhöhtes Herzinfarktrisiko.

Nagender wohnt im Nordwesten Delhis in einer für Indien ruhigen Wohngegend. Jede Straße hat ihr eigenes Tor, das Tag und Nacht bewacht wird. Nagender lebt in einem Reihenhaus zusammen mit seiner Mutter, Satya Bhama.

Zum ersten Mal während dieser ersten Indienreise fühlte ich mich richtig wohl. Hier, in Nagenders Haus, konnten wir dem Chaos von draußen entfliehen und entspannen, ohne Mücken, Hitze, Dreck und Gestank. Wir mussten uns um nichts kümmern und kamen in den Genuss original indischer Gerichte. Satya Bhama kochte Reis und ein Curry aus Kidneybohnen, das himmlisch schmeckte und keine Magenschmerzen verursachte. Am Abend saßen wir bei King-Fisher-Bier auf dem Balkon und redeten. Wir redeten und redeten. Über unsere Reise, unsere Jobs, unser Leben, unsere Kulturen. Wir lachten, machten verrückte Fotos, tanzten zu

Bollywood-Musik unterm Sternenhimmel. Auch damals schon diskutierten wir über die Liebe und wie unterschiedlich unsere Kulturen damit umgingen. Dieser Abend war der Beginn unserer ganz besonderen Freundschaft.

Die Sonne hat mittlerweile den Horizont überschritten. Sofort breitet sich ihre Hitze aus. Nagender ist aufgestanden, hält sich die Kamera vors Auge, arbeitet an einer Bildkomposition. Wir drei haben an diesem Morgen nicht zufällig unseren Aussichtsplatz bezogen. Wir sind gekommen, weil ich Kanika vor ihrem Schicksal retten muss. Nagenders Cousine ist 24 Jahre alt und studiert Physik in Delhi. Seit meinem ersten Besuch in Indien sind wir Freundinnen und halten Kontakt. Bei unserem letzten Gespräch erzählte Kanika, dass ihr Vater nach einem Ehemann für sie suche. Es sei »schon okay« für sie, hatte sie auf mein Entsetzen entgegnet. In Indien werden auch heute noch die meisten Hochzeiten arrangiert. Und obwohl ich wusste, dass auch Kanika davon nicht verschont bleiben würde, bin ich tief getroffen. Ich mache mir Sorgen um sie und befürchte, dass sie einen Ehemann bekommt, den sie nicht liebt, und der sie schlecht behandelt; dass sie Dienerin ihrer Schwiegereltern und ihres Ehemannes wird in einem Leben ohne Liebe. Vor diesem Schicksal will ich sie bewahren. Dass eine arrangierte Hochzeit für sie »okay« sei, klang wenig überzeugend. Nagender glaubt nicht an den Erfolg meiner Rettungsaktion, und das ärgert mich. Warum will er mir nicht helfen? Fast scheint es mir, als sei ich die einzige, die sieht, in welcher Gefahr sie schwebt. Ich will deshalb von Angesicht zu Angesicht mit Kanika über die Pläne ihres Vaters sprechen, will hören, wie sie dazu steht, was sie sich wünscht, und vor allem will ich mit ihr über die Liebe sprechen. Insgeheim hoffe ich, sie zur Revolte gegen die arrangierte Hochzeit bewegen zu können. Immerhin begleitet Nagender unseren Ausflug nach Agra. Und jetzt sitzen wir hier und schauen auf das Taj Mahal – das Monument der Liebe. Ich bin aufgeregt. Das ist meine Chance! Ich muss sie nutzen.

Dass Kanika sich ihren Ehemann nicht selbst aussuchen darf, erfuhr ich bereits bei unserer ersten Begegnung. Es war an einem Nachmittag im September 2010, während meiner ersten Reise. Wir saßen in Nagenders Wohnzimmer und tranken *Chai*, als Kanika hereinkam; bildhübsch mit ihren langen schwarzen Haaren, der reinen, seidigen Haut und einem ebenso ansteckenden und

Indien und der Verkehr (oben): 2016 erfasste das indische Verkehrsamt 480 652 Unfälle auf den Straßen. Dabei kamen 150 785 Menschen ums Leben. Diesen Zahlen zufolge sterben in Indien jede Stunde 17 Menschen bei Verkehrsunfällen.

Die Lektüre der Tageszeitung gehört in Indien genauso zum Tag (Mitte), wie der zuckersüße Milchtee (unten) und die leckeren Samosas (oben) – frittierte Teigtaschen mit würziger Kartoffelfüllung.

sympathischen Lachen, wie es Nagender hat. Sie hatte indische Süßigkeiten dabei, *Gulab Jamun*, in Zucker und Öl getauchte Teigbällchen. Nagender verriet, dass es ihr 18. Geburtstag sei. Wir gratulierten ihr und weil sie für den Abend noch nichts geplant hatte, lud Nagender sie ein, gemeinsam mit uns auf seinem Balkon zu feiern. Sie kam.

An diesem Abend wurde mir zum ersten Mal klar, wie vorgezeichnet das Leben einer indischen Frau verläuft und wie frei sich westliche Biografien dagegen entwickeln dürfen. Kanika nimmt auf die Gestaltung ihres Lebens kaum Einfluss. Ihr Vater bestimmt, wann sie aus dem Haus gehen und wen sie besuchen darf, was sie anzieht und sogar was sie studiert. Sich mit Freundinnen außerhalb der elterlichen Wohnung zu treffen, bildet eine große Ausnahme. Ist der Vater zu Hause, müssen ihn die Mutter, Kanika und ihre Schwester bedienen. Sie essen, wenn er satt ist. Bei einer Freundin übernachten, ohne Eltern in den Urlaub fahren, mit einem Jungen ins Kino gehen – für Kanika nicht erlaubt. Eine Party feiern, in Discos tanzen, Alkohol probieren, sexuelle Erfahrungen sammeln – niemals, das gilt als schlechtes Benehmen, sündig, dreckig. Anstatt sie in ein unabhängiges Leben zu entlassen, wird ihr Vater Kanika verheiraten. Von diesem Tag an wird sie im Haus ihrer Schwiegereltern leben und dort verantwortlich sein für den Haushalt und später für die Kinder. »Meine Aufgabe wird sein, die Familie glücklich zu machen und immer vorzeigbar auszusehen«, erzählt Kanika. Ihr Ehemann übernimmt dann die Rolle ihres Vaters und regelt Kanikas Zukunft. Die Vorstellung eines solchen Lebens schnürt mir die Luft zum Atmen ab. »So ist eben unsere Gesellschaft«, sagte Nagender damals und zuckte mit den Achseln. Dabei ist er selbst ganz anders! Er hatte aus Liebe geheiratet. Zwar war seine Ehe gescheitert, doch führt er Liebesbeziehungen nur auf Augenhöhe. Er passt nicht in das Bild des typischen indischen Mannes. Nagender hat in seiner Familie hart für seine Freiheiten von den indischen Traditionen gekämpft. Und nun überlässt er seine Cousine ihrem Schicksal? Das gefiel mir nicht. Ich wünschte mir, er würde sich vor ihrem Vater für ihre Freiheit und ihr Recht auf Selbstbestimmtheit einsetzen. Ich fragte, was sich Kanika von der Zukunft erwarte. »Ich wünsche mir, dass es meiner Familie gut geht, dass mein Vater stolz auf mich ist und ich einen Ehemann bekomme, der mich nett behandelt.« Das war offensichtlich alles, was es für sie zu wünschen gab.

Als Kanika von ihrem Bruder abgeholt und nach Hause gebracht wurde, fragte ich Nagender, was passieren würde, wenn sie sich in einen Jungen verlieben würde. »Ich weiß nicht genau, wie ihr Vater reagieren würde. Aber wahrscheinlich würde er es nicht akzeptieren. Und wenn doch, müssten sie sofort heiraten.« Traurig und verwirrt ging ich in dieser Nacht zu Bett. Die Prophezeiung von Kanikas Zukunft tat mir weh. Ich klammerte mich an die Hoffnung, dass sie sich in einen tollen Mann verlieben und mit ihm gegen den Willen ihrer Eltern kämpfen würde, um ein freies Leben zu führen. Zum Glück hatte sie noch Zeit; sie war ja erst 18. Vor dem Abschluss ihres Studiums oder einer Ausbildung würde ihr Vater sie nicht verheiraten, hatte Nagender gesagt.

Jetzt ist sie 24, hat angefangen zu studieren und soll nun doch schon eine Ehe eingehen. Das darf ich nicht zulassen, denke ich und hole noch einmal tief Luft, bevor ich endlich das Gespräch beginne: Wie groß die Liebe gewesen sein muss, die Shah Jahan bewogen hat, dieses Gebäude zu bauen, sage ich, denn ich will nicht gleich mit der Tür ins Haus fallen.

»Es ist so wunderschön«, antwortet sie und richtet ihren Blick auf das Taj Mahal.

»Hast du schon mal geliebt?«, frage ich sie.

»Ja, einmal«, entgegnet sie.

Ich sehe sie an: »Wirklich?«

»Ja. Wir waren sehr gute Freunde und dann sind wir zusammengekommen. Am Anfang lief es wunderbar, doch es hat nicht funktioniert und am Ende tat es sehr weh.«

»Wissen es deine Eltern?«

»Nein, das ist mein Geheimnis. Mein Vater darf nie davon erfahren. Aber ich mache schon meine Erfahrungen. Da gibt es noch einen anderen Jungen, er ist sehr nett und seine Aufmerksamkeit schmeichelt mir. Wir haben uns auf einen Kaffee getroffen.«

»Meinst du, es wird etwas Ernstes daraus?«

»Er ist sehr eifersüchtig, obwohl wir gar nicht zusammen sind. Deshalb bin ich vorsichtig bei ihm.«

»Du hast gesagt, dass dein Vater nach einem Ehemann für dich sucht?«

»Ja, das tut er. Aber ich benehme mich absichtlich ganz schlecht und mache mich nicht zurecht, wenn jemand kommt, um mich anzusehen«, sagt sie und lacht.

»Es kommen Leute, um dich anzusehen?«

»Ja, das ist mir total unangenehm. Eltern von jungen Männern besuchen uns, die wollen schauen, wie ich aussehe, und wissen, ob ich mich gut benehme, kochen und putzen kann und gute Schulnoten geschrieben habe.«

»Das klingt furchtbar. Willst du das denn überhaupt, eine arrangierte Hochzeit?«

»Ich vertraue darauf, dass mein Vater einen guten Mann für mich aussucht.«

»Aber was ist mit den Schmetterlingen im Bauch, dem Verliebtsein?«

»Ich habe schon auch Angst davor, dass mir der Mann nicht gefallen könnte, aber ich würde niemals die Wahl meines Vaters in Frage stellen.«

»Aber es ist doch dein Leben! Machst du dir keine Sorgen, dass du den Mann, den dein Vater aussuchen wird, vielleicht niemals lieben wirst?«

»Nein, eigentlich nicht. Meine Eltern haben auch so geheiratet. Sie haben sich erst am Tag nach der Hochzeit zum ersten Mal richtig gesehen, weil meine Mutter verschleiert war. Und meine Eltern lieben sich. Sie sind für mich ein wunderbares Beispiel für eine gute und glückliche Ehe.«

»Aber vielleicht haben sie nur Glück gehabt?«

»Ja, Glück haben sie und sie haben auch hart dafür gearbeitet. Ich werde es so nehmen, wie es kommt. Sollte ich mich wirklich verlieben, bevor mein Vater jemanden gefunden hat, dann hoffe ich, dass er meine Wahl akzeptiert.«

Ich schweige, mir fällt nichts mehr ein. Mit dieser Reaktion hätte ich nicht gerechnet. Kanika will gar nicht gerettet werden. Meine Gedanken taumeln noch, als Nagender plötzlich zum Aufbruch ruft. Es ist heiß, die Sonne steht bereits hoch am Himmel. Wir verlassen unseren Aussichtspunkt. Die Mittagshitze wollen wir im klimatisierten Auto verbringen und zurück nach Delhi fahren. Ich bin verwirrt. Wie kann Kanika nur so gelassen sein? Hat sie denn gar keine Angst? Will sie nicht begreifen, wie groß das Risiko ist, dass der Mann, den ihr Vater aussucht, nicht der Richtige für sie sein wird? Alles erscheint mir plötzlich paradox. Dieses Land ist so wunderschön und gleichzeitig türmt sich überall der Müll. Hier steht das größte Monument der Liebe, aber Ehen werden arrangiert. Von hier stammt die Bibel der Erotik, das Kamasutra, und doch ist Sex in der Gesellschaft ein Tabu. Was ist das bitte für ein Land? Ich kann Kanika nicht zur Revolte anstiften. Nichts in ihr wehrt sich gegen eine arrangierte Ehe. Aber warum nicht? Ich verstehe es nicht.

Wir fahren zurück nach Delhi. Als die Nacht dämmert, sitzen Nagender und ich auf seinem Balkon. Ich starre hinaus in den Abendhimmel. Nach dem Gespräch mit Kanika fühle ich mich hilflos, meine Gedanken geben einfach keine Ruhe und kreisen immer wieder um dieselben Fragen. Vor lauter Verwirrung, Sorge und Hilflosigkeit werde ich wütend. Wütend auf Nagender, der nichts tut, wütend auf dieses Land und seine Menschen. Plötzlich schießen mir Tränen in die Augen und ich schreie Nagender an: »Wie kann es sein, dass man in Indien Frauen und Männer dazu zwingt zu heiraten, ohne dass sie sich kennen? Wieso begutachtet man sie vor dem Arrangement wie einen Gebrauchtwagen vor dem Kauf? Und wo bleibt in diesem unwürdigen Spiel die Liebe? Gibt es überhaupt Liebe in deinem Land?«, werfe ich ihm an den Kopf. Nagender ist völlig überrascht von meinem Gefühlsausbruch: »Ich wusste nicht, dass es dich so mitnimmt«, sagt er und versucht mich zu trösten. »Zuerst möchte ich dir sagen, dass es Kanika gut geht. Sollte sich das eines Tages ändern und sollte sie Hilfe brauchen, bin ich für sie da, ganz egal, um was es geht.« Nagender macht eine Pause und schaut nachdenklich. »Deine Frage nach der Liebe in Indien kann ich dir zwar beantworten, schließlich ist Indien mein Heimatland. Aber meine Antwort würde dir, glaube ich, wenig weiterhelfen. Wenn du wirklich verstehen willst, wie es in Indien um die Liebe steht, musst du durch das Land reisen und nach ihr suchen.« Wir sehen uns an. »Kommst du mit?«, frage ich. »Ja«, sagt er.

Mechaniker Sanjay lebt in einem kleinen Raum ohne fließendes Wasser (oben).
Tischler Ganesh hat es etwas komfortabler am Rande des Slums (unten).
Beim Bau unserer Rikscha legen sie sich besonders ins Zeug.

Die blaue Rikscha

Delhi

Zurück in Deutschland. Mein Alltag hat mich zwar wieder eingeholt, doch Kanikas Schicksal und die Idee einer Reise durch Indien lässt mich nicht los. Nagender denkt offensichtlich auch darüber nach. An einem Morgen, ich sitze gerade an meinem Schreibtisch im Redaktionsbüro, schickt er mir ein Foto aufs Handy. »Hey Chrissi, schau mal, mit diesem Vehikel werde ich uns durch Indien kutschieren«, schreibt er darunter. Auf den ersten Blick erkenne ich eine heruntergekommene Fahrradrikscha, zusammenmontiert aus einem Rahmen und zwei großen Speichenrädern. Der Lenker sieht aus wie der eines Mopeds, das Vorderrad ebenso. Was für ein Gefährt, typisch indisch!, denke ich und muss lachen. Ich schreibe zurück: »Damit zeigst du mir dein Land?« »Ja!«, antwortet Nagender. Und auf einmal packt mich die Abenteuerlust. In diesem Moment steht fest: Zusammen mit ihm will ich einmal quer durch Indien reisen, mich auf die Spur der Liebe begeben, mein Sehnsuchtsland und seine Kultur wirklich kennen und verstehen lernen. In den kommenden Monaten versinken Nagender und ich in den Planungen für unsere große Tour. Während ich mein Umfeld vorbereite, Urlaub einreiche, Impfungen auffrische, meine besorgte Familie mit Halbwahrheiten beruhige und schon mal drei Tagebücher kaufe, beginnt Nagender in Indien mit der Konstruktion unserer Rikscha.

Es war der Lieferant für Küchengas, der Nagender zu dieser Idee inspirierte. Zweimal im Monat fährt er auf einer mit Gasflaschen beladenen, motorisierten Fahrradrikscha in Nagenders Straße vor. Schon öfter hat Nagender mir erzählt, wie fasziniert er von diesem Fahrzeug ist. Hergestellt in einem Slum, benutzen nur arme Händler solche Fahrzeuge, weil sie sich kein Tuktuk leisten können. In Hindi heißen sie *Jugaard*, was übersetzt »Alternative« bedeutet. Sie gehören zu den wackeligsten und unsichersten Fahrzeugen überhaupt. Auf den Straßen sind sie nicht erlaubt, werden höchstens geduldet. Nagender träumt schon länger davon, mit so einer Rikscha zu reisen. Mich überzeugt, dass sie uns Unabhängigkeit ermöglicht, weil wir motorisiert sind, und wir uns gleichzeitig auch anders als im geschlossenen Auto nah am Geschehen bewegen. Wie klapprig und gefährlich die »Alternative« wirklich sein kann, hat mir Nagender natürlich nicht erzählt.

Für die Konstruktion unseres Gefährts kauft Nagender mithilfe des Wachmanns in seiner Straße zuerst eine ausrangierte Fahrradrikscha für umgerechnet 20 Euro. Tief vergraben im Müllhaufen der Fabrik seines Freundes Sumer findet sich ein Motorroller. Der Küchengaslieferant verspricht ihm schließlich, den Kontakt zu seinem Mechaniker herzustellen.

Nur wenige Kilometer von Nagenders Haus entfernt erstreckt sich ein gigantischer Slum. Verschläge aus Backstein, Holzpfählen und Laken stehen hier dicht an dicht, wie Bäume in einem Urwald, soweit das Auge reicht. Gestank hängt schwer in der Luft. Am Rande des Slums liegt der Eingang zur Werkstatt von Sanjay, dem Mechaniker. Vor der Tür an der Backsteinmauer verteilen sich Schraubenschlüssel, Säge, Hammer und Kneifzange auf einem alten Holztisch. Durch die halb geöffnete Holztür erkennt Nagender eine Pritsche, eine Kommode aus Metall, deren Türen aus den Angeln hängen, und ein paar alte Pappkartons in dem engen Raum. Alles starrt schwarz vor Schmutz und Öl. Dann taucht ein kleiner, hagerer Mann mit zerzausten Haaren und fett glänzender Haut auf; sein Blick ist wirr, die Augen rot, als sei er betrunken. Nagender flucht innerlich bei dem Gedanken, dass diese Gestalt unser Vehikel zusammenschrauben soll, und hofft kurz, dass es sich nicht um Sanjay handelt. »Du brauchst einen Mechaniker?«, fragt der mit einem gelben Grinsen und Nagenders Hoffnung zerplatzt. Er ermahnt sich, nicht voreilig zu urteilen, und verabredet sich für den nächsten Tag mit ihm. Dann will Nagender samt Roller und der Fahrradrikscha herkommen und zusehen, wie Sanjay daraus eine Motorrikscha bastelt.

Sanjay arbeitet in der Hocke. Mit geübten Griffen hat er den Motorroller in Windeseile zerlegt. Motor, Benzintank, Griff und Vorderrad legt er zurecht, der Rest ist Abfall. Zusammen laden die Männer die Teile auf die Ladefläche der Fahrradrikscha. Dann lässt sich Sanjay von Nagender durch ein lärmendes Chaos aus Menschen, Straßentieren und Vehikeln zur Schweißerei fahren. Er genießt den bequemen Transport. Die indische Gesellschaft ist zutiefst hierarchisch organisiert. Nagender steht in der Hierarchie durch seine

Kaste und seinen wirtschaftlichen Status weit über ihm. Für Nagender spielt das keine Rolle, für Sanjay schon. Die meisten Inder eines höheren Standes kämen nicht im Traum darauf, einen Mechaniker aus dem Slum durch die Gegend zu kutschieren. Noch weniger würden sie auch nur einen Tropfen Schweiß beim Fahren einer Fahrradrikscha vergießen. Stolz präsentiert sich Sanjay, betont lässig sitzend, den verwunderten Blicken der Menschen.

Während der Schweißer arbeitet, erklärt Nagender den Handwerkern, was er mit dieser Rikscha vorhat, wenn sie fertig ist. Dass ein Gefährt, das sie bauen, tausende Kilometer zurücklegen soll, können sie zwar nicht glauben, aber es scheint sie zu motivieren. Die Arbeiter schweißen extra Stützen in den Rahmen, die Nähte werden zusätzlich verstärkt. Sie reparieren den Motor und fixieren schließlich den Lenker des Rollers an der Vorderachse. Um ihn gerade auszurichten, bemühen die Experten nicht einmal ein Maßband. Stattdessen stehen sich der Mechaniker und der Schweißer mit ausgestreckten Armen gegenüber. Sie biegen ihre Oberkörper ein wenig hin und her und nicken sich zu. Die Mitte scheint gefunden. Der Schweißer beginnt mit seiner Arbeit. Nagender ist sprachlos, weiß nicht, ob er lachen oder weinen soll. So funktioniert indische Genauigkeit. Auf seine Bedenken, dass Vorder- und Hinterrad nicht richtig ausgerichtet seien und dass die Rikscha umfallen könnte, reagieren sie nicht. Sie ignorieren ihn, als wäre er ihr zeterndes Weib. Kurz darauf überreichen sie eine schiefe Rikscha. Nagender ist sauer.

Zum Glück baut ein Zimmermann noch am gleichen Abend eine Karosserie ganz nach seinen Vorstellungen. Versöhnt und aufgeregt startet Nagender in der Nacht zum ersten Mal den Motor. Es knattert, vorsichtig gibt er Gas und die Rikscha bewegt sich vorwärts. Es funktioniert, sie fährt!

In den nächsten Tagen stellt dieses verflixte Ding seinen stolzen Besitzer vor eine Herausforderung nach der anderen. Mal läuft sie wie geschmiert, mal geht gar nichts mehr. Eines Tages fallen plötzlich alle Bremsen ab. Ein Freund mit einer Werkstatt für Enfield-Motorräder erklärt sich bereit, echte Enfield-Bremsen in unsere Rikscha zu bauen. Natürlich erst, als er nach einem Lachanfall wieder Luft holen kann. Nagender braucht 20 Tage, um unser Vehikel fahrtüchtig zu machen und damit vertraut zu werden. Mit zwei Cousins startet er zur ersten größeren Probefahrt. Alle drei Testpiloten überleben und begießen anschließend die Jungfernfahrt mit Whisky. Jetzt gibt es kein Zurück mehr. Wir werden auf dieser Rikscha reisen. Nagender lässt sie blau anstreichen und einen Tag vor meinem Abflug präsentiert er sie mir per Videoanruf. Ich nenne sie »Blauer Blitz«.

Am nächsten Morgen flattern meine Nerven. Schon viele Male war ich in Indien, aber immer, wenn es losgeht, bin ich so aufgeregt, als wäre es das erste Mal. Am Gate 16 des Terminals 1 am Frankfurter Flughafen herrscht geschwätziges Treiben. Frauen in bunten Saris klimpern mit ihren Armreifen und Fußkettchen, Männer mit Vollbart und Turban und Alte in weißen Gewändern plappern auf Hindi, schmatzen und rülpsen ganz ungeniert. Die exotische Geräuschkulisse beruhigt meine Nervosität und schenkt mir Vorfreude auf die fremde Welt, die mich erwartet. In gut acht Stunden landen wir in Delhi und unsere Reise auf der blauen Rikscha beginnt.

Die Vorbereitungen waren besonders intensiv. Wir wollen etwa 5000 Kilometer zurücklegen und unsere Reise dokumentieren. So etwas will gut geplant sein und es erfordert Zeit: Wir kalkulieren mit einem knappen halben Jahr. Doch es hat sich noch etwas anderes, völlig Unerwartetes ergeben. Ich bin im vierten Monat schwanger. Mitten in unsere Reisevorbereitung ist die Nachricht meiner Schwangerschaft geplatzt. Zuerst dachte ich, der Traum unserer Tour durch Indien sei geplatzt. Doch nach Gesprächen mit meinem Lebensgefährten, mit Nagender, meinen Eltern und meinem Arzt war klar, dass das Risiko überschaubar ist, dass mein Baby und ich gesund sind und ich nach Indien reisen kann. Ich kenne das Land und nehme mir vor, besonders gut auf meinen Körper zu hören und zu achten. Ich bin zuversichtlich, das alles gut gehen wird. Als der Flieger abhebt, denke ich an die Worte meines Frauenarztes: »Für ein Baby ist der Bauch der Mutter der wahrscheinlich sicherste Ort auf der Welt.«

Am nächsten Morgen weckt mich der Lärm auf der Straße vor Nagenders Haus. Da ist das Hupen der Mopeds, die Rufe des Müllsammlers, das Ächzen seines Dreirads. Diese Geräusche sind mir mittlerweile vertraut. Seit Jahren markieren sie wieder und wieder den Beginn eines Abenteuers. Die meisten Touristen, die zum ersten Mal nach Indien kommen, empfinden den Verkehr als Lärmbelästigung, als lebensgefährlich und völlig verrückt. Ein Eindruck, den ich zunächst geteilt habe. Doch kann ich heute, nach diversen Schreikrämpfen und Herzattacken, die ich auf Nagenders

Beifahrersitz überlebt habe, stolz behaupten, dass ich mich an Indiens Verkehr gewöhnt habe.

Kanika kommt zu Besuch und zusammen wagen wir eine erste Probefahrt zu dritt. Per Kickstart weckt Nagender das Knattern des kleinen Motors. Kaum sind wir aus dem Wohnviertel auf eine größere Straße abgebogen, verfalle ich meiner alten, vergessen geglaubten Panik. Während Nagender uns im Eiltempo zwischen Lastwagen und Ochsenkarren, Fußgängerscharen und Fahrradrikschas, mal in Fahrtrichtung, mal entgegengesetzt hindurchmanövriert, zucke ich immer wieder vor Schreck zusammen. Trotz meiner Panik bemerke ich plötzlich die Gesichter der Menschen auf der Straße, deren Blicke uns treffen. Fast jedes Mal weicht ihre Verwunderung bald einem breiten Lachen. Viele strecken sogar ihre Finger nach unserer Rikscha aus oder recken neugierig ihre Hälse! Ausgerechnet in Indien drehen Menschen sich nach einem fahrbaren Untersatz um? Ich kann es kaum fassen. Nagender und Kanika sind ebenso überrascht wie ich. Wir freuen uns über so viel Begeisterung, winken und lachen zurück. Ich entspanne mich, beginne die Fahrt zu genießen, spüre den Wind im Haar, die Freiheit. Indien, wir kommen!

Lieben wir so verschieden?

Ein Dialog, zwei Welten

Christina: Nagi, ich mache mir Sorgen um Kanika. Ihr Vater will sie verheiraten, mit einem Mann, den sie nicht kennt.
Nagender: Warum machst du dir deshalb Sorgen?

Ich kann nicht glauben, dass du mich das fragst! Wie soll Kanika jemanden lieben, den sie nie zuvor getroffen hat?
Warum denkst du, dass sie das nicht kann? In Indien leben wir genau so. Mädchen und Jungen wachsen in dem Wissen auf, dass sie eines Tages verheiratet werden. Wenn es soweit ist, bedeutet das eine sehr aufregende Zeit voller Veränderungen, sicherlich verbunden mit viel Angst, doch die lässt auch wieder nach.

Kanika wird ein Mann aufgezwungen. Ob er ihr gefällt oder nicht, sie muss ihn heiraten, das ist doch eine schreckliche Vorstellung!
Das empfindest du so, weil du aus einer anderen Kultur stammst. Es gibt sehr viele glückliche arrangierte Ehen. Du kennst doch selbst einige Beispiele – denke an Kanikas Eltern, sie lieben sich, das kann jeder sehen.

Aber was ist mit dem herrlichen, leichten Gefühl verliebt zu sein, was ist mit den Schmetterlingen im Bauch am Anfang einer Beziehung?
Ihr in Deutschland beginnt mit den Schmetterlingen und wir in Indien entwickeln die Schmetterlinge. Inderinnen empfinden sogar häufig sehr schnell eine Verliebtheit für ihren Mann. Das hat einen ganz einfachen Grund. Sex ist in Indien ein Tabu. Von Frauen wird erwartet, dass sie als Jungfrau in die Ehe gehen. Sie wachsen sehr behütet auf, haben kaum Kontakt zu Männern außerhalb der Familie. Sexuelle Erfahrungen mit einem Mann auszutauschen ist also etwas, das sie sich lange wünschen, aber bis zur Hochzeit verwehrt bekommen. Werden sie verheiratet, sind sie aufgeregt, freuen sich darauf und entwickeln deshalb sehr schnell Schmetterlinge im Bauch.

Wie sucht Kanikas Vater nach dem passenden Mann für sie?

Nun, die Suche nach einem Ehepartner für das erwachsene Kind beginnt eigentlich immer damit, dass man in der Großfamilie, unter Freunden und den Kollegen von der Suche erzählt. Es läuft meistens über Verbindungen. Mittlerweile gibt es in Indien aber auch Partnerbörsen im Internet, etwa *shaadi.com*. Indische Partnerbörsen funktionieren ähnlich wie die deutschen, mit dem einzigen Unterschied, dass die User in Indien ausdrücklich nach einem Ehepartner suchen. Kanikas Vater wählt den konservativen Weg. Er hat bereits einige Vorschläge für eventuell passende Ehemänner erhalten und soweit ich weiß, auch schon junge Männer angeschaut.

Angeschaut? Das klingt in diesem Zusammenhang sehr befremdlich. Nach welchen Kriterien wird Kanikas Vater ihren Ehemann denn auswählen?
In Indien ist die Gesellschaft in Kasten und nach ihrem wirtschaftlichen Status unterteilt. Kanikas Vater wird nur Männer in Betracht ziehen, die aus der gleichen Kaste stammen. Er besucht sie dann zu Hause, um das Umfeld zu sehen, das seine Tochter nach der Hochzeit erwartet. Es muss mindestens den Lebensstandard bieten, den Kanika aus ihrem Elternhaus gewohnt ist. Er fragt auch nach Ausbildung, Beruf und Gehalt des Mannes und seiner Eltern.

Aber was ist mit dem Charakter, der Person selbst, ihrem Aussehen? Wird ihr Vater auch das bei seiner Wahl berücksichtigen?
Natürlich. Er ist ihr Vater und will nur das Beste für seine Tochter. Er wird nach Aussehen und auch nach dem Charakter des Mannes schauen. Das gesamte Paket muss passen, damit er eine Wahl trifft. Und nicht nur der Mann, auch seine ganze Familie muss ihm sympathisch sein. Denn bei einer indischen Hochzeit heiraten nicht nur Mann und Frau, sondern zwei Familien.

Wonach wird eigentlich eine Ehefrau ausgewählt?
Die Antwort auf diese Frage gefällt mir als Inder selbst nicht. In Indien wird von Frauen erwartet, dass sie ihrem Ehemann und der Familie ihres Mannes dienen. Mädchen werden schon in der Kindheit auf diese Aufgabe vorbereitet. Früh übernehmen sie Aufgaben im Haushalt, lernen kochen, waschen, putzen. Wenn sie verheiratet werden, ist es ein Automatismus, dass sie in das Haus der Familie ihres Mannes ziehen und dort den Haushalt führen und einfach jeden bedienen. Für dich mag das schrecklich klingen, aber die Realität sieht so aus, dass viele Frauen damit glücklich sind, weil sie so

erzogen wurden. Sie haben diesen Lebensweg verinnerlicht, glauben daran und sind damit zufrieden. Das bedeutet, die Antwort auf deine Frage ist, dass eine Frau neben ihrem hübschen Aussehen vor allem eine gute Hausfrau sein muss, die demütig, brav und folgsam ist.

Also sind meine Sorgen doch berechtigt! Ich habe Kanika als offen und modern kennengelernt. Ich kann mir nicht vorstellen, dass sie als demütige, folgsame Hausfrau glücklich werden kann. Das, was ihr nach der Hochzeit blüht, klingt nicht wie ein Leben als Ehefrau, sondern als Leibeigene.
Ich kann verstehen, dass du das so siehst, du bist eine freie, unabhängige Frau aus einer Kultur, in der Frauen emanzipiert sind und gleichberechtigt leben. Aber Kanika ist das nicht. Sie hat nicht das gleiche Verständnis von Freiheit wie du. Das musst du versuchen zu verstehen. Wenn du jemanden offen und modern nennst, dann hast du die Werte deiner Gesellschaft im Kopf. Kanika fühlt sich offen und modern allein dadurch, dass sie ein kleines bisschen von den konservativen Regeln ihrer Gesellschaft abweicht. Etwa wird in Indien nicht gern gesehen, wenn Frauen Partys feiern, Alkohol trinken oder rauchen. Trinkt Kanika also heimlich einen Schluck Bier oder besucht sie die Party ihres Cousins für eine halbe Stunde, ist es ein Hochgefühl für sie. Oder wenn sie einen Rock trägt, obwohl es ihr Vater nicht erlaubt hat, wird sie sich modern, frei und selbstständig fühlen. In ihrem Herzen ist sie sehr viel konservativer, als du es dir vorstellen kannst. Und sie wird das Leben, auf das sie seit ihrer Kindheit vorbereitet wird, glücklich annehmen.

Aber Nagi, wenn Kanika wüsste, was Freiheit wirklich bedeutet, dann würde sie dieses Leben nicht wollen. Wenn sie die Chance hätte, frei und unabhängig zu entscheiden, würde sie diesen Weg nicht wählen. Lass uns ihr zeigen, was Freiheit bedeutet, damit sie selbst entscheiden kann.
Aber dafür müsste sie es doch auch wollen. Wenn Kanika Freiheit will und nicht das ihr vorgegebene Leben, muss sie von sich aus beginnen, dafür zu kämpfen. Wir können sie dann dabei unterstützen. Doch was ist, wenn sie nicht kämpfen will, wenn sie nicht nach Freiheit fragt und ihr Leben so akzeptiert, wie es ist?

Das Rasseln von Fußkettchen und Armreifen ist ein Geräusch, das ich fest mit Indien verbinde. Es klingt wie ein leises Flüstern, das die nahe Ankunft einer farbenprächtigen Schönheit ankündigt (rechte Seite).

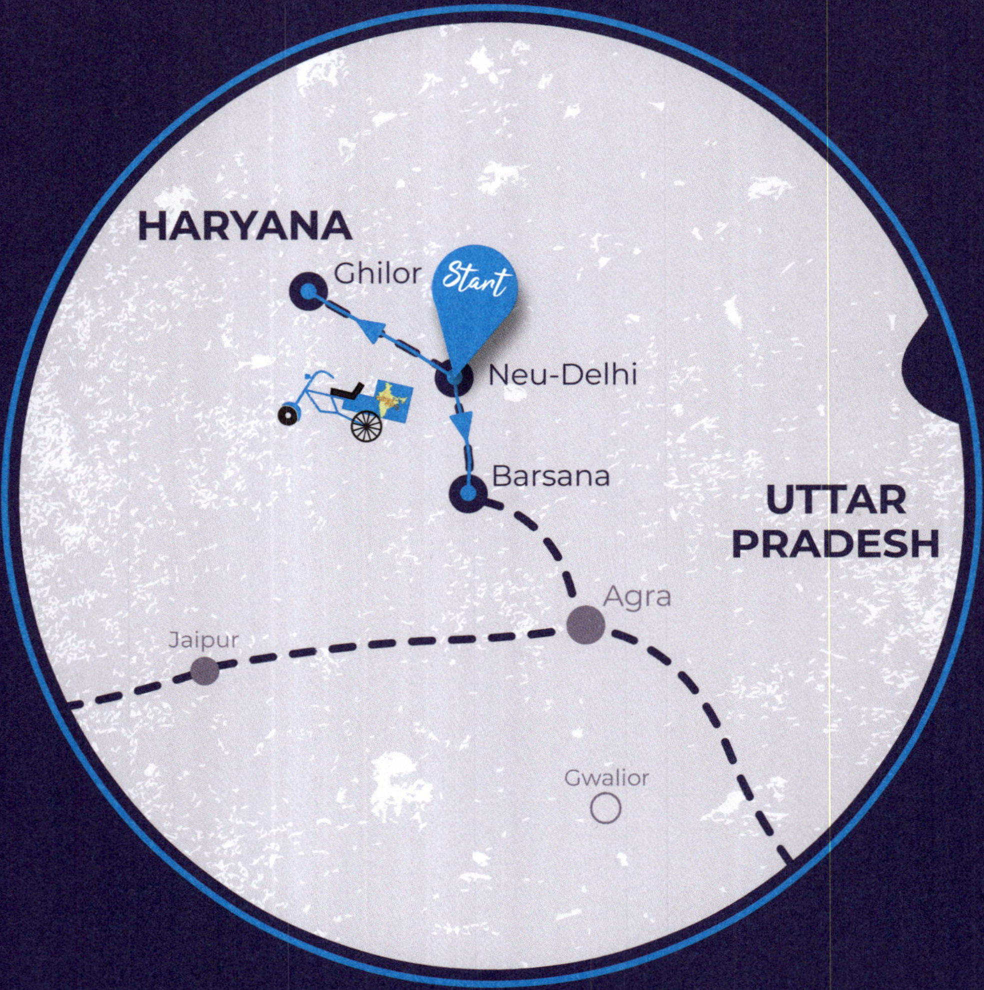
HARYANA
Ghilor
Start
Neu-Delhi
Barsana
UTTAR PRADESH
Agra
Jaipur
Gwalior

Love is grey

Wenn die Ehe nur dem Zweck dient

Auf dem Land ist das Leben knüppelhart. Am Rande der Armut rackern sich die Bauern auf gepachteten Feldern ab. Die Frauen sind für Kinder, Heim und Herd zuständig. Strenge gesellschaftliche Regeln halten sie unter Kontrolle Hier dienen Ehen ausschließlich der gegenseitigen Versorgung. Wie grau und trist das Leben sein kann, wenn die Liebe fehlt, spüren wir auf unserem Weg durch die Bundestaaten Haryana und Uttar Pradesh.

Hier ruht unser Blauer Blitz auf dem »Tropic of Cancer«. Auf der Fahrt durch Gujarat werden wir den nördlichen Breitengrad überqueren (oben). Unser Abschiedskommando am Abreisetag (unten).

Im Unglück gefangen

Ghilor, Haryana

Wir bereiten unsere Abfahrt vor. Im Morgengrauen wollen wir aufbrechen, um Delhi noch vor der Rushhour zu verlassen und nicht der Verkehrspolizei ins Netz zu gehen. Sollte unsere *Jugaard* angehalten werden, müssen wir uns unangenehmen Diskussionen stellen und eine Menge Bakschisch zahlen. Schlimmstenfalls wird die Rikscha konfisziert, sagt Nagender. Sorgfältig packt er die Fototechnik ein. Seine Mutter Satya füllt Wasserflaschen und legt eine Tüte mit duftenden Mangos zu unserem Gepäck. Plötzlich steht Kanika in der Tür. Sie strahlt, hält eine kleine Reisetasche in der Hand. »Überraschung«, sagt sie und erzählt, dass ihr Vater erlaubt habe, uns ein paar Tage zu begleiten.

Eine weitere Überraschung wartet am nächsten Morgen. Um 4.30 Uhr weckt mich Nagender. Verschlafen tappe ich die Treppen herunter und traue meinen Augen kaum, als ich ins Wohnzimmer schaue. Dort sitzen viele hellwache Menschen: Kanikas Eltern, Nagenders Bruder, sein Cousin, unser Freund Sumer, zwei Tanten und ein Onkel. Kanika und Satya bedienen die Gäste mit Tee und Wasser. Auf dem Esstisch liegt ein Blumenstrauß, daneben ein Schokoladenkuchen, »Culture Curry« steht in Buchstaben aus Zucker darauf. »Wir sind gekommen, um euch viel Glück zu wünschen«, sagt Kanikas Mutter und schließt mich in die Arme. Dann müssen wir erzählen, wo die Reise hinführen soll. Währenddessen geht die Sonne auf und der Lärm der Straßen schwillt an.

Gegen halb acht, drei Stunden später als geplant, haben sich alle um unsere blaue Rikscha versammelt. Mit roter Farbe malt Kanikas Mutter eine *Swastik*, ein hinduistisches Glückssymbol, auf, segnet unsere Rikscha mit Blütenblättern und Wasser. Dann überreicht sie mir den Blumenstrauß und malt jedem einen roten Punkt auf die Stirn. »Zu eurem Schutz«, sagt sie. Was für ein Tamtam! Noch ein Gruppenfoto und Nagender startet endlich den Motor, Kanika und ich steigen auf. Unser Abschiedskommando winkt. Ich hocke mit dem Blumenstrauß in der Hand auf dem Rikscha-Sofa und wir rollen endlich auf die Straße. Nach etwa 50 Metern stecken wir in einer hupenden Blechlawine der Rushhour Delhis fest. Ich atme einmal tief durch. Indien lehrt mich wieder einmal Gelassenheit mit aller Gewalt.

Unser Ziel ist ein Bauerndorf im Bundesstaat Haryana, der im Osten an Delhi grenzt. Hier leben Verwandte von Nagender und Kanika, zwei Schwestern, die sich einen Ehemann teilen müssen. Sie wissen noch nichts von unserem Besuch. Nagender sagt, es sei besser, sie zu überraschen – unvorstellbare Aktion in Deutschland. In einer indischen Großfamilie völlig normal, versichert er.

Kurz vor Delhis Stadtgrenze geraten wir in eine Verkehrskontrolle. Auf beiden Seiten der Straße stehen Polizisten und ziehen Fahrzeuge heraus. Verdammt. Wir konzentrieren uns auf unsere Unschuldsmienen, nur keinen Augenkontakt mit einem Polizisten aufnehmen. Angespannt bis in die Haarspitzen erreichen wir die Kontrolle. Erst vor wenigen Tagen stand in der »Times of India«, dass die Delhi Traffic Police künftig härter gegen illegale Fahrzeuge vorgehen wolle. Die Polizisten sehen uns. Wir halten den Atem an. Dann lachen sie und winken uns zu! Wir können unser Glück kaum fassen. Während Nagender langsam die Kontrolle passiert, schießt einer der Ordnungshüter ein Handyfoto von uns.

Schließlich überqueren wir Delhis Stadtgrenze und erreichen den Highway. Schnell wird die Gegend am Straßenrand ländlicher. Den breiten Highway teilen wir nur mit wenigen Autos, Motorrädern und bemalten Trucks. Weizenfelder und Ochsenherden ziehen vorbei.

Nach sechs Stunden Fahrt erreichen wir das Bauerndorf. Langsam ruckelt die Rikscha über die staubigen Lehmstraßen. Im Dorfteich baden Wasserbüffel, am Rand sitzen Frauen in bunten Kleidern. Als wir an ihnen vorbeifahren, ziehen sie sich ihre Kopftücher vors Gesicht. Sie gehören zur Volksgruppe der *Jats*, wie die meisten Menschen, die hier leben. *Jats* befolgen strenge Regeln. Zum Beispiel dürfen sich Frauen fremden Männern nicht zeigen und müssen sich komplett verschleiern. Der Gruppe der *Jats* wird ein Hang zu Unterdrückung, Gewalt und Ehrenmorden nachgesagt und sie sind gefürchtet wegen ihrer Stärke und Brutalität. In der Geschichte waren *Jats* Krieger, heute arbeiten sie fast immer als Bauern und gehören zur unteren Mittelschicht. Nagender und Kanika stammen ebenfalls aus Haryana und wurden als *Jats* geboren. Doch in der modernen Millionenstadt Delhi verwässern die Regeln von Volksgruppe und Kaste zusehends.

Der Tag neigt sich dem Ende zu, die Sonne verliert ihre Kraft und die Hitze wird erträglich. Die Dorfbewohner zieht es nach draußen. Alte Männer in weißen Baumwollanzügen sitzen auf Pritschen vor den Häusern und unterhalten sich. Unser Blauer Blitz unterbricht ihre Gespräche. Die Männer staunen über unser Gefährt und über mich, die Frau mit der weißen Haut.

Wir erreichen das Haus der Schwestern. Nisha und ihre ältere Schwester begrüßen uns herzlich. Drei Kinder spielen im Hausflur. Der Ehemann sei noch bei seiner Arbeit auf dem Feld, sagt Nisha. Die Frauen eilen in die Küche, um *Chai* zu kochen. Das Haus ist aus weißem Stein gebaut. Unten befinden sich drei Zimmer, eine Küche und eine Hock-Toilette. Eine Treppe führt auf das große flache Dach. Hier ist eine kleine Feuerstelle, an der die Frauen jeden Abend *Chapatis*, Teigfladen, für die Familie backen.

Im einzigen Zimmer mit Klimaanlage spielt sich während der heißen Jahreszeit das Leben ab. Wir werden hineingebeten und dürfen auf dem besten Platz, dem großen Bett, sitzen. Über dem Bett hängt ein Hochzeitsfoto der älteren Schwester. Der Mann auf dem Bild lebt nicht mehr. Er kam vor einigen Jahren bei einem Autounfall ums Leben. Daraufhin beschlossen die Alten des Dorfrats, die Witwe zur zweiten Frau ihres Schwagers, Nishas Ehemann, zu machen. »Polygamie ist eigentlich gesetzlich verboten«, erklärt Nagender. Aber der Arm der indischen Regierung reicht nicht bis in alle Dörfer des riesigen Landes. Hier herrschen noch die Gesetze der Alten. Sie bilden Dorfräte, machen ihre eigenen Gesetze, fällen Urteile und verhängen Strafen. »Die Dorfräte der *Jats* sind gefürchtet«, erklärt Nagender. »In diesem Fall haben sie Schwestern zu Feindinnen gemacht.«

Wir verbringen die nächsten Tage eng mit der Familie, begleiten die Frauen, wenn sie Wasser holen, helfen bei der Hausarbeit und schlafen auf dem Fußboden im klimatisierten Zimmer. Die Aufgaben im Haus sind klar verteilt: Noch vor Sonnenaufgang steht die ältere Schwester auf und bringt die Wasserbüffel der Familie ans Wasser. Sie ist hauptsächlich für die Tiere und den Haushalt verantwortlich. Nisha darf in der Dorfschule unterrichten. Die Familie ist arm, mit der Arbeit als Bauer verdient der Ehemann nicht genug. Nisha steuert den Löwenanteil zum Unterhalt bei, nur deshalb darf sie außerhalb des Hauses arbeiten. Ihren Lohn von umgerechnet 40 Euro im Monat sieht sie jedoch nie. Ihr Ehemann bekommt das Geld vom Schuldirektor bar auf die Hand.

LEGENDARY

Bauer Sandeep und seine Ehefrauen Samiksha (l.) und Nisha (r.). Er sagt, es sei nicht einfach, zwei Frauen zu bändigen, doch er ist ein starker Mann (linke Seite). Mittagsruhe im einzigen klimatisierten Zimmer des Hauses (oben).

Den Alltag bestimmen Eifersucht und Misstrauen. Die Schwestern streiten ständig über Kleinigkeiten im Haushalt, Kleider, die Kindererziehung. Sie buhlen um die Gunst des Gatten; nicht seinetwegen, sondern um die andere auszustechen. Der Ehemann reagiert auf die Streits mit Gewalt. Schläge seien nötig, um die Frauen in Schach zu halten, erklärt er mir. Im Dorf sagen die Leute über ihn, er habe »Hände wie Steine«. Seine Felder, auf denen er Weizen und Zuckerrohr anbaut, pflügt er nur mit einer Spitzhacke. Zwei Frauen zu haben, findet er nicht leicht. Er sei aber stark genug dafür, meint er.

Die jüngere Schwester Nisha scheint unter der Situation am meisten zu leiden. Wir begleiten sie zum Unterricht, um ungestört sprechen zu können. »Meine Arbeit ist für mich Ablenkung und Stolz«, sagt sie. Nisha ist erst 23, doch sie sieht viel älter aus. Ein Kopftuch umrahmt die graue Haut ihres müden Gesichts. Ihre Augen liegen tief. Die Zwänge ihres Lebens haben ihr die Anmut geraubt. Mit 19 Jahren wurde sie von ihren Eltern gegen ihren Willen mit dem Bauern verheiratet. »Wir Inderinnen leben als Sklavinnen, erst bedienen wir unsere eigene Familie und dann die unseres Ehemannes«, sagt sie. Nisha erzählt, dass sie in Delhi aufgewachsen ist und sich ein ganz anderes Leben erträumte. Als Jugendliche hatte sie die Großstadt und ihre Freiheiten kennengelernt. Sie kannte Frauen, die ihr eigenes Geld verdienten, und in ihrer Verwandtschaft gab es sogar Liebeshochzeiten. Selbst ihre konservativen Eltern konnten sich dem Druck der neuen städtischen Freiheiten nicht entziehen. Erst äußerte Nisha bescheidene Wünsche: Jeans tragen und englische Musik hören. Schließlich wollte sie auch ihr Leben selbst gestalten, suchte sich einen Job in einem Kosmetikstudio, verdiente erstes eigenes Geld und verliebte sich in einen Mann. Ihre ältere Schwester hingegen zog einen traditionellen Lebensentwurf vor. »Sie ist voller Überzeugung Dorffrau«, sagt Nisha. Die ältere Schwester war glücklich, als sie verheiratet wurde. Sie nahm das Leben als Hausfrau und Mutter im Dorf gern an. Nisha aber sammelte damals all ihren Mut und stellte ihren Eltern den Mann vor, den sie liebte. Es endete in einem Desaster. Vater und Bruder trieben ihn aus dem Haus und schlugen Nisha, bis sie aufgab. Sie wehrte sich nicht einmal gegen ihre Verheiratung mit dem Bauern. Im Dorf, so dachten ihre Eltern, käme die ungezogene Tochter zur Vernunft. Nisha versuchte damals, stark zu sein, ihr Schicksal anzunehmen und das Beste daraus zu machen. »Aber meine Ehe dauerte nur zehn Tage. Dann haben sie meine Schwester zur zweiten Frau meiner Mannes gemacht«, sagt sie bitter, bevor sie den Klassenraum betritt.

Zurück im Haus beobachte ich, wie Nisha sich mit ihrem kleinen Sohn in ein Zimmer verzieht. Ich folge ihr, denn ich will weiter mit ihr sprechen und sie auch nach der Liebe befragen. Nisha sitzt im Schneidersitz auf einem braunen Polstersessel. Ihr Sohn schläft in ihren Armen. Ich nehme ihre Hand und zeige auf eine lange Narbe in der Innenfläche: »Er tut dir Gewalt an, nicht wahr?«, frage ich. Erschrocken sieht sie mich an und sofort schießen ihr Tränen in die Augen. »Eigentlich habe ich den Bauern nie heiraten wollen«, sagt sie. »Aber als er schließlich mein Mann war, habe ich mir gewünscht, dass er mit mir ausgeht, dass wir in den Urlaub fahren, dass wir uns verlieben. Aber er hat mir keinen meiner Träume erfüllt. Stattdessen war er einverstanden, meine Schwester zu heiraten. An dem Tag, als die beiden verheiratet nach Hause kamen, habe ich geschrien vor Wut. Dann haben sie mich gepackt, geknebelt und geschlagen. Ich dachte, ich sterbe.« Nisha streicht über die Narbe in ihrer Hand. »Mein Mann hat einen Stuhl nach mir geworfen. Meine Hand platzte auf. Wir hatten zu wenig Geld, um es nähen zu lassen.« Sie steht auf, legt ihren schlafenden Sohn auf dem Sofa ab und holt ihr Hochzeitsalbum hervor. Alle Bilder sind zerschnitten. Vor Wut, Eifersucht und Schmerz hat sie zur Schere gegriffen. Während sie davon erzählt, halte ich ihre Hand. Nisha dreht sich zu mir und sieht mich an. Dabei rutscht ihr Kopftuch auf ihre Schultern herab und entblößt ihr schwarzes Haar. »Ich schlucke dieses Leben wie Gift, jeden Tag«, sagt sie. Diesmal bin ich es, die in Tränen ausbricht. An Fragen zur Liebe denke ich nicht mehr. Hier kann es keine Liebe geben. Ich fühle mich elend und schäme mich, weil nun Nisha mich tröstet. Sie sagt, dass sie niemals mit diesem Leben glücklich werden kann. »Meine Hoffnung liegt in Delhi. Wenn meine Kinder größer sind und mich verstehen, werde ich mich von meinem Mann trennen und mit ihnen in die Stadt fliehen.«

Am nächsten Morgen verlassen Nagender, Kanika und ich die Familie und versprechen Nisha, in Kontakt zu bleiben. Wir sind zutiefst bedrückt und traurig über das Schicksal der Schwestern. Lange schweigen wir. Erst als sich einige Stunden später der Highway vor uns öffnet, können wir wieder durchatmen. »Niemals werde ich einen Mann aus dem Dorf heiraten«, sagt Kanika.

Das Farbpulver wird *Gulal* genannt. Kinder lieben das Holi-Fest (oben), aber auch Erwachsene haben Spaß – wie diese Frau, die angefeuert von der Menge einem Mann rituell die Flausen aus dem Kopf schlägt (unten).

Holi – Das Fest der Farben

Barsana, Uttar Pradesh

Wir verlassen Haryana und überqueren die Grenze zu Uttar Pradesh, flächenmäßig einer der größten der 29 Bundesstaaten Indiens. Hier wollen wir das Holi-Fest feiern. Nagender sagt, das berühmte Farbenfest werde am heftigsten in der Stadt Barsana gefeiert – in etwa so wie der Karneval in Köln.

Nach einigen Stunden Rikschafahrt erreichen wir Barsana. Ich entdecke einen hinduistischen Tempel. Er thront auf einem Hügel über den Dächern der Stadt. In Indien leben viele verschiedene Glaubensrichtungen nebeneinander: Hindus, Moslems, Christen, Sikhs und Buddhisten, um nur die größten Religionen zu nennen. Fast 80 Prozent der Bevölkerung sind Hindus. Der Hinduismus verehrt unzählige Götter und Göttinnen. Jede Bitte eines Betenden hat hier einen eigenen Adressaten. Für gute Noten betet Kanika zur Göttin Sarasvati. Krishna ist für das Glück in der Liebe zuständig.

Holi geht wie alle hinduistischen Feste auf eine Legende zurück. Demnach hatte ein unsterblicher König einen Sohn, der dem Gott Brahma folgte. Der König verlangte, dass sein Sohn ihn wie einen Gott anbete und nicht Brahma. Als der Sohn sich weigerte, befahl der König seiner Schwester Holika, den Jungen im Feuer zu töten. Er gab Holika einen feuerfesten Umhang, der sie in den Flammen vor dem Tod schützen sollte. Holika folgte dem Befehl und setzte sich mit dem Jungen ins Feuer. Doch sie schützte nicht sich, sondern das Kind mit dem Umhang. Holika verbrannte, der Junge überlebte. Zu Ehren dieser selbstlosen Tat feiern die Hindus Holi.

Während des Festes sind wir zu Gast bei der Familie eines hinduistischen Priesters. Er lebt mit seiner Frau, den beiden Töchtern und seinem Vater in einem blauen Haus.

Bei unserer Ankunft werden wir bereits erwartet. Im Innenhof des Hauses sitzen Kanikas Vater, ihr Bruder und einige unserer Freunde aus Delhi. Was für eine Überraschung! Sie sind gekommen, um mit uns Holi zu feiern. Gemeinsam gehen wir in Richtung Tempel. Um ihn herum, einmal durch die Kleinstadt, verläuft eine Art Festzug. Je näher wir diesem Zug kommen, desto mehr

Menschen begegnen uns. Der Weg ist gesäumt von Bettlern, Kranken und Krüppeln, bei denen sich die Feiernden mit einer Spende gutes Karma erkaufen. Die wummernden Bässe der Musik werden lauter, die Aufregung steigt, die Menschenmenge schwillt an. Und plötzlich werden wir mitgerissen von der Masse, die sich wie eine Springflut in die Straßen von Barsana ergießt. Eng gedrängt schieben sich die Feiernden vorwärts. Ihre Körper sind bedeckt mit Farben, rote Haare, gelbe Hände, rosa und grün ihre Gesichter. Männer, Frauen, Kinder wippen zum Rhythmus der Trommeln, werfen ihre Arme in die Luft, schließen dabei die Augen. Sie tanzen, jauchzen, schreien *Holi Hai*. Wir schwimmen im Strom mit, lassen uns einhüllen vom ekstatischen Trommelspiel.

Kanika und ich sind ein beliebtes Ziel für Farbpulverattacken. Wir halten uns fest an den Händen, um uns im Gedränge nicht zu verlieren. Fremde Hände streichen mir Farbe ins Gesicht, ein kalter Strahl aus einer Wasserpistole trifft meinen Arm. Dann hüllt uns die nächste bunte Pulverwolke ein. Ich sehe zu Kanika, sie lacht ein blaues Lachen, ich ein rotes. Plötzlich schüttet jemand von oben einen Eimer voller Wasser über unsere Köpfe. Wieder staubt eine Pulverwolke auf. Die Farbe zieht in jede Faser meiner Haut ein. Die Menschen freuen sich über mich, die überwältigte Ausländerin. Sie lachen und nehmen Kanika und mich in ihre Mitte.

Wir erreichen den Tempel aus weißem Stein. Vor ihm tanzt eine Horde zu Flöten und Trommeln. Ein Mann mit orangener Kutte, grauem Vollbart und Sonnenbrille steht auf einer Steinmauer und wirft Süßigkeiten in die Menge. Wie einem Messias recken sie ihm die Hände entgegen. Die Stimmung ist ausgelassen.

Einem Ritual nach dürfen sich Frauen während des Holi-Festes an den Männern rächen und ihnen durch leichte Schläge mit einem Bambusstab die Flausen aus dem Kopf treiben. Die Männer tragen einen roten Turban und ein Schild aus Leder bei sich. Die Frauen haben ihr Hochzeitskleid angezogen, das in Indien traditionell rot ist. In gespielter Unterwürfigkeit sinken die Männer auf die Knie, halten ihr Schild über den Kopf und empfangen die Schläge der roten Furien. Es scheint ein großer Spaß für alle zu sein, sie lachen frech und flirten miteinander.

Mit einer aufwendigen Konstruktion aus Styropor, Plastiktüten, Plexiglas und Klebeband hat Nagender seine Kameras vor den Farb- und Wasserattacken geschützt. Doch mit einer solch wilden Flut an Feiernden hat selbst er nicht gerechnet. Die Meute wirkt wie entfesselt, Farbwasserbomben zerschlagen Nagenders Kameraschutz. Wir fliehen in einen Hauseingang. Erst jetzt sehe ich, dass auch die Balkone, Dächer und Fenstersimse dicht besetzt sind. Wir steigen Treppen hinauf, treten in eine Wohnung ein, deren Türen offenstehen, fotografieren das Spektakel vom Balkon herab. Junge Männer rufen zu uns hoch, sie sind angestachelt, vielleicht berauscht, fordern Kanika und mich. Nagender wird unruhig, er fürchtet um unsere Sicherheit. Als wir das Haus wieder verlassen müssen, bilden unsere männlichen Freunde einen Kreis um uns Frauen, zum Schutz vor den Enthemmten. Die Stimmung scheint zu kippen, unsere Freunde wehren andere Männer ab, ich sehe grimmige Gesichter und kleine Tumulte. Als die Sonne untergeht, ist der Spuk plötzlich vorbei. Die Menschenflut ebbt ganz plötzlich wieder ab.

Völlig erschöpft, kunterbunt und klitschnass erreichen wir das Haus des Priesters. Seine Frau hat gekocht. Es duftet herrlich nach indischen Gewürzen. Alle haben großen Hunger. Ich erfahre, dass der Priester mit seinem Sohn eigentlich in Delhi lebt. Dort hat er Arbeit und sein Sohn besucht die Schule. Um auch die beiden Töchter in die Schule zu schicken, reicht das Geld nicht. Deshalb leben sie mit der Mutter auf dem Land.

Ich bekomme ein schlechtes Gewissen, denn unsretwegen steckt das Haus des Priesters voller Menschen. Nicht nur unsere Freunde aus Delhi sind gekommen, sondern auch neugierige Nachbarn. So viele Gäste sind eine Last für die arme Familie, denke ich. Da Gastfreundschaft in Indien als selbstverständlich gilt und eng mit der Würde der Hausherrn verknüpft ist, bekommt jeder an diesem Abend etwas zu essen, zu trinken und einen Platz zum Schlafen.

Ich möchte mich nützlich machen und den Frauen bei der Bewirtung helfen. Ich stehe auf, versuche es, bestehe darauf. Aber sie lassen mich nicht. Stattdessen reicht mir die Hausfrau einen Eimer voller Wasser. Ich darf mich waschen. Es gibt kein fließendes Wasser in diesem Haushalt. Die Hausherrin trägt das kostbare Gut jeden Tag in einem großen silberfarbenen Bottich auf ihrem Kopf vom Dorfbrunnen ins Haus. Zwar sehne ich mich danach, das juckende Farbpulver endlich abzuwaschen, doch dieses Angebot anzunehmen fällt mir schwer. Weil Wasser so knapp ist, bin ich die einzige, die sich an diesem Abend waschen darf. Die Hausherrin lässt keine Widerrede zu. Demütig bedanke ich mich und folge ihrer Weisung, betrete den Raum, der Schlafzimmer und

Holi ist ein hinduistisches Fest und wird deshalb vor allem in den Tempeln gefeiert. Für hinduistische Priester gilt übrigens kein Zölibat. Auch Drogen sind für sie nicht tabu, solange sie der Meditation dienen.

कृपया भेंट

Badezimmer zugleich ist, und verschließe die Tür. Während ich meine schmutzigen Kleider ausziehe, rieselt das farbige Pulver zu Boden. Mit einem Plastikbecher schöpfe ich das wertvolle Nass aus dem Eimer und gieße es mir über den Kopf. So gut es geht, versuche ich, mein kaltes, spärliches Bad zu genießen.

Nachdem alle Männer gespeist haben, bekommen Kanika und ich das Essen auf Metalltellern gereicht. Es gibt *Chapatis*, *Dahl* und mariniertes Gemüse, dazu Buttermilch vom Wasserbüffel mit Kreuzkümmel. Wir essen mit den Töchtern des Priesters. Auch üblich in diesem Land – die Männer speisen zuerst. Die Hausfrau wird erst zugreifen, wenn alle satt sind.

Später gesellen Kanika und ich uns zu den Frauen. Da ich kein Hindi spreche, übersetzt Kanika. Die Frauen haben viele Fragen. Sie wollen wissen, wie eine Küche in Deutschland aussieht, können nicht glauben, dass wir keine *Chapatis* essen, und wundern sich, dass ich in meinem Alter nicht verheiratet bin. Ich nutze die Gelegenheit und lasse Kanika die Damen fragen, wie sie zur Liebe stehen. Kaum ist die Frage ausgesprochen, fangen alle an zu lachen. »Schätzchen, Liebe ist etwas, um das wir uns hier nicht groß scheren. Wir haben ganz andere Probleme und Wünsche«, sagt eine. »Wir werden verheiratet, damit wir einen Mann haben, der für uns sorgt, nicht damit wir ihn lieben.« Eine der Frauen fügt hinzu: »Besser du liebst deinen Mann, es gibt sowieso keinen anderen«, und alle lachen wieder.

Die Frau des Priesters wird mir später erzählen, dass sie froh ist, dass ihr Mann in der Stadt wohnt, und dankbar, dass er ihr Geld nach Hause schickt. Sie wünscht sich, eines Tages nicht mehr den anstrengenden Haushalt erledigen zu müssen und sich öfter ausruhen zu können. Liebe, sagt sie, empfindet sie für ihre Kinder, nicht für ihren Mann. Wichtig in der Beziehung zwischen Mann und Frau sei, so sagt sie, dass man gut füreinander sorge.

In dieser Nacht teilen Kanika und ich eine Pritsche im offenen Innenhof. Ich sehe noch lange zum Nachthimmel hinauf und denke über das Holi-Fest und die Worte der Frau des Priesters nach. Sie und die anderen Frauen im Dorf führen Ehen, die ausschließlich dem Erhalt der Familie dienen. Liebe spielt darin keine Rolle. Indien ist so farbenprächtig, doch Liebe scheint hier grau zu sein, denke ich. Dann sehe ich meine schlafende Freundin an. Ich wünsche ihr von Herzen, dass für sie ihr Ehemann einmal mehr sein wird als nur ein guter Versorger.

Kanika und ich bei der Farbschlacht (oben). Unsere Gastgeber in Barsana: der Priester, seine Frau und seine Töchter (unten). Der Sohn studiert in Delhi. Für die Bildung der Töchter reicht das Geld nicht aus.

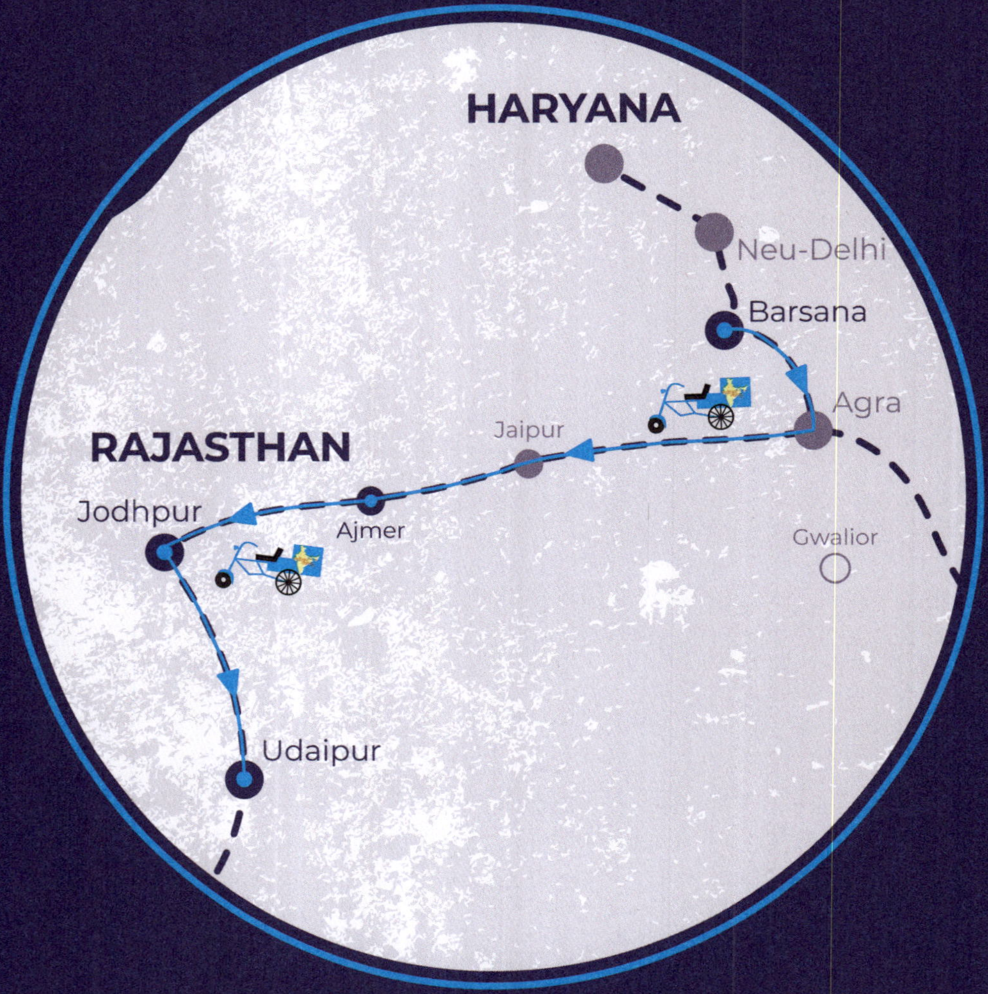
HARYANA
Neu-Delhi
Barsana
Agra
Jaipur
RAJASTHAN
Jodhpur
Ajmer
Gwalior
Udaipur

Burning Love

Von brennenden Witwen und junger Liebe

Bei unserer Fahrt durch den Wüstenstaat Rajasthan bestaunen wir in der blauen Stadt Jodhpur das atemberaubende Mehrangarh Fort. Hier residierte einst der große hinduistische Herrscher Man Singh. Als er im Kampf starb, legten sich seine Ehefrauen zu ihm ins Totenfeuer und verbrannten. Zuvor hinterließen sie ihre Handabdrücke an den Wänden der Festung. In Udaipur erholen wir uns von den Strapazen des Reisens durch die heiße Wüste. In der romantischen Stadt am Pichhola-See verbringen indische Paare ihre Flitterwochen. Am Ufer des Sees entdecken wir sie.

Der Bundesstaat Rajasthan ist für mich Indien in Reinkultur. Hier gibt es Elefanten, Kamele (unten), Wüsten, Schlangenbeschwörer, hagere Männer mit Turbanen und Frauen in bunten Saris (oben).

Im Feuer vereint

Jodhpur, Rajasthan

Der Blaue Blitz tuckert durch den Bundesstaat Rajasthan. Hier wirkt Indien wie im Bilderbuch. In der glühend heißen Wüstenlandschaft zeichnen sich Elefanten und Kamelkarawanen ab. Die Männer tragen Turban, die Frauen prächtige Saris, rasselnde Armreifen und Fußkettchen – Farboasen in der Eintönigkeit des Sandes.

Nagender und ich reisen nun allein weiter. Kanika ist mit ihrem Vater nach Delhi zurückgekehrt. Während unserer Fahrt gehen mir die Worte der Frau des Priesters in Barsana durch den Kopf: »Wahre Liebe empfangen nur Könige«, hatte sie gesagt. Da ich den Sinn nicht deuten kann, habe ich Nagender davon erzählt. Er schlug daraufhin die Stadt Jodhpur als nächstes Reiseziel vor, Königsresidenz seit Jahrhunderten. Sitz der Könige ist das Mehrangarh Fort. Hier wollen wir uns auf die Spuren der Liebe begeben.

Behängt mit Kameras beginnen Nagender und ich im Morgengrauen unseren Streifzug durch Jodhpur. Eingerahmt von einer Stadtmauer aus dem 16. Jahrhundert liegt die historische Altstadt mit ihren vielen blauen Häusern am Fuße des Mehrangarh Forts. Der Rajputen-König Roa Jodha wählte im Jahr 1459 für seine Festung einen gigantischen Felsen, um den herum die blaue Stadt wuchs. Einst durften nur die Häuser von Brahmanen blaue Farbe tragen, doch heute leben darin auch weltliche Bewohner.

Wir laufen durch das unübersichtliche Wirrwarr der blauen Gassen. Es riecht nach *Chai*, Blüten und Abwasser. Die Marktverkäufer sitzen vor Körben voller Chilischoten, Korianderblättern, Datteln und Tomaten. Aus großen silbernen Töpfen dampft der süße Milchtee, der an jedem Morgen die Lebensgeister der Inder weckt. Auf Mauern hocken Männer, rauchen und nippen an kleinen Teetassen. Zum Schutz vor der Morgenkühle haben sie sich in weite Schals gehüllt. Andere sitzen vor ihren Häusern, lesen Zeitung und genießen die warmen Sonnenstrahlen. Zum ersten Mal sehe ich einen Languren, ein großes Männchen. Das silberne Fell des Affen schimmert in der Morgensonne. Die Augen in seinem schwarzen Gesicht hält er geschlossen. Lässig, fast selbstgefällig hockt er auf einer Steinmauer, auf der »God of Sex« geschrieben steht, ganz so,

Rund 120 Meter über den Dächern der blauen Stadt thront das Mehrangarh Fort. Die Festung ist bis heute im Besitz der königlichen Familie von Jodhpur. Ein Museum erzählt die Legenden, die sich im Inneren abgespielt haben sollen.

als gebühre ihm der Titel. In dieser Gegend des Landes gibt es viele Hanuman-Languren. Es ist herrlich, einer Affenfamilie beim Spielen, Streiten und Kuscheln zuzusehen. In Jodhpur fegen sie wie Akrobaten über die Dächer der Altstadt und klauen Essensreste. In der Nähe des Forts bleiben Nagender und ich vor einem Baum stehen, in dessen weitläufiger Krone eine ganze Horde Languren sitzt. Während ich meine Augen nicht abwenden kann, hat Nagender zwischen zwei Mauern einen schmalen Durchgang entdeckt. Wir treten hindurch und stehen vor einem riesigen See. Dahinter erhebt sich das Mehrangarh Fort. Mir stockt der Atem, was für ein Ort! Der ruhige See spiegelt das Himmelblau. Seidenweich schmiegt sich das Wasser an den steilen Felsen, an dessen Spitze sich, wie eine Blüte, die Festung entfaltet. Die Festungsarchitektur vereint zugleich Zartheit und Kraft. Viele Könige verewigten ihre Ära in diesem Bauwerk. Wer in der Lage ist, so etwas Schönes und Vollkommenes zu erschaffen, der muss einen Sinn für Liebe und Romantik haben, denke ich.

Plötzlich steht ein alter Mann hinter uns. Wir haben ihn nicht kommen hören. »Ein wunderbarer Ort, nicht wahr?«, sagt er. »Voller Ruhe und Frieden.« Er lebt mit seiner Familie in einem blauen Haus in Jodhpurs Altstadt. Manoj hat braune Haut, weiße Haare und so liebevolle Augen, dass ich gleich Vertrauen fasse. Ich erzähle ihm von unserer Suche nach Zeichen der Zuneigung und davon, dass die Frau des Priesters gesagt hat, dass nur Könige in Indien wahre Liebe erfahren. Manoj überlegt einen Moment. Dann schaut er hinauf zur Festung: »Vor vielen Jahren, als der Maharadscha Ajit Singh starb, gingen seine Ehefrauen und Konkubinen mit ihm ins Feuer, manche Quellen sprechen sogar davon, dass sich auch die Sklavinnen anschlossen. Sie verbrannten bei lebendigem Leib. Das muss wahre Liebe gewesen sein, das wird die Frau des Priesters gemeint haben.« Manoj erzählt uns, dass an einem Eingangstor der Festung Handabdrücke dieser Frauen noch heute davon zeugen. Ich schaudere bei der Vorstellung, welch grausamen Tod sie erlitten haben.

Im Museum des Forts erfahren wir, dass die Witwenverbrennung über Jahrtausende Tradition war und *Sati* heißt. Dabei legen sich Witwen ins Totenfeuer ihrer verstorbenen Ehemänner. Im hinduistischen Glauben werden Frauen, die *Sati* begangen haben, nach ihrem Tod wie Göttinnen verehrt. Einige Ehefrauen gingen freiwillig aus Liebe oder Heroismus in die Flammen, andere zwang man dazu. Der Brauch wurde 1829 von den britischen Kolonialherren verboten. Doch alte Traditionen lassen sich offensichtlich nicht mit einem Verweis auf die Menschenrechte verbieten. Die Witwen von Ajit Singh starben im Juni 1724 in den Flammen ihres Gatten. 1953 beging in Jodhpur die letzte Frau *Sati*. Bis heute soll es jedoch in Indien immer wieder Fälle von Witwenverbrennung geben, teils aus religiösen, teils aus sozialen und wirtschaftlichen Gründen. Witwen werden in Indien geächtet und aus der Gesellschaft verstoßen. Man schert ihre Haare, sie dürfen nur noch weiße Kleider tragen, kein Fleisch mehr essen und nicht an Festen teilnehmen. Sie enden häufig als Bettlerinnen oder Prostituierte oder als zweite, minderwertige Ehefrau. Gehen sie mit ihrem Mann ins Totenfeuer, entkommen sie diesem Leben und werden obendrein als Göttinnen verehrt.

Nagender und ich schlendern durch die Festung, einen Palast aus Tausendundeiner Nacht mit geschwungenen Torbögen und kunstvoll verzierten Fenstern. Die Wände sind aus Marmor, rotem und gelbem Sandstein, mit Fresken und verspielten Ornamenten geschmückt. Durch die meist offenen Fenster weht der Wind. Wenn Glas verbaut ist, dann nur in Form von bunten Mosaiken, durch die die Sonne farbenprächtige Muster auf den Marmor der Wände zaubert.

An einem der sieben Eingangstore der Festung finden wir sie schließlich, zweiunddreißig kleine rote Handabdrücke an der steinernen Wand. Blumen liegen auf dem Boden. Der Legende nach zogen die Frauen von Ajit Singh nach dem Tod des Maharadschas durch die blaue Stadt und verschenkten ihre Habseligkeiten an die Armen. Dann hinterließen sie ihre Handabdrücke an dem Eingangstor mit den eisernen Spitzen und legten sich zu ihrem König in die Flammen.

Ein Akt der Liebe? Schwer vorstellbar, finde ich. Mir erscheint es wie eine grausame Erfindung der Patriarchen. Nach dem Motto, wenn der Ehemann stirbt, hat die Frau ihr Lebensrecht verwirkt. Und wenn sie weiterlebt, dann darf dies nur in Elend und Ausgrenzung geschehen. Ich ärgere mich. Meine Sorgen um Kanika kommen wieder hoch.

Nagender und ich beschließen, eine Pause einzulegen, und wir gehen zurück zum großen Uhrturm. Hier im Zentrum von Jodhpur ist es trubelig und laut, Händler bieten ihre Ware an: Kleidung, Spielzeug, Lederwaren, Schals. Tuktuks und Motorräder brausen um den Turm herum, stimmen ein ins Hupkonzert. Wir entfliehen dem Chaos und steigen die Stufen des einladenden Sheesh Mahal Cafés hinauf. Es duftet nach Kaffee. Schwer zu glauben, aber guter Kaffee ist in Nordindien gar nicht leicht zu finden. Wer Kaffee bestellt, bekommt oft ein lausiges Gebräu aus viel zu wenig Instantpulver und viel zu viel Zucker. Wir haben Glück, denn im Sheesh Mahal Café kennt man die Vorlieben der europäischen Touristen. Es gibt Cappuccino aus echten Kaffeebohnen mit geschäumter Milch. Wir trinken gleich zwei hintereinander, bestellen Sandwiches und Cola und können uns gar nicht losreißen. Als gerade kein anderer Gast da ist, kommt schließlich der Kellner zu uns an den Tisch. Er stellt sich als Jamal Singh vor und möchte wissen, wer wir sind und was wir machen. Wir erzählen ihm von unserer Recherche und ich nutze die Gelegenheit und frage Jamal, ob Menschen in Indien Sinn für Romantik haben. »Sehr wenig«, meint Jamal. »Wir zeigen unsere Liebe anders als ihr Europäer. Wir haben auch nur sehr selten die Möglichkeit, Liebe und Romantik wirklich auszuleben. Oft schlafen wir mit vielen Menschen in einem Zimmer. Wie soll man sich da romantisch näherkommen? Wir drücken stattdessen unsere Liebe füreinander durch Blicke aus. Das könnt ihr Deutsche wiederum nicht so gut. Ihr braucht so viel, um euch eurer Liebe zu vergewissern. Wir Inder wissen einfach, dass sie da ist. Nimm mich zum Beispiel, ich bin seit 16 Jahren verheiratet und immer noch verliebt. Erst nach zwei Jahren Ehe habe ich mich getraut, in der Öffentlichkeit etwas näher bei meiner Frau zu stehen.«

Ich frage Jamal, was er über die Gefühle seiner Frau für ihn weiß. »Sie ist meine Frau, natürlich liebt sie mich. In einer indischen Beziehung nimmt der Mann keine Rücksicht auf die Gefühle und Bedürfnisse seiner Frau.« Als Jamal mein enttäuschtes Gesicht sieht, fügt er hinzu: »In der jungen Generation ändert sich etwas. Man sieht heute viel öfter in der Öffentlichkeit Paare, die wie ihr in Europa Händchen halten und sich küssen. Das finde ich zwar nicht in Ordnung, aber diese Veränderungen gibt es. Ein guter Ort, um Verliebte zu sehen, ist die Stadt Udaipur. Sie ist bekannt für ihre Romantik und ein beliebtes Ziel für die Flitterwochen.«

Wir bedanken uns bei Jamal und verlassen das Café. Ich will unbedingt nach Udaipur. Nach all den entsetzlichen und ernüchternden Geschichten über die Liebe in Indien hoffe ich, dort endlich etwas Aufmunterndes zum Thema zu erfahren.

Die blaue Farbe zeugte einst davon, dass Angehörige der höchsten Kaste, der Brahmanen, hier lebten. Heute sind die blauen Häuser denkmalgeschützt (oben). Dieser hinduistische Tempel ist ein Treffpunkt für Seniorinnen der Stadt (unten).

Schauplatz der Gefühle

Udaipur, Rajasthan

Wieder auf der Straße, fahren wir seit Stunden am äußeren Rand eines mehrspurigen, kerzengerade verlaufenden Highways. Die Landschaft um uns herum ist menschenleer, hügelig und sie trägt ein sattes Grün. Die Sonne brennt auf unsere Helme. Die Hitze, das stete Geräusch des Rikschamotors und meine Schwangerschaft ermüden mich. Aber ich darf nicht einschlafen, ich würde sonst bei voller Fahrt von unserem Blauen Blitz fallen. Es gibt keinen Gurt, der mich hält. Immer wieder übermannt mich der Sekundenschlaf, dann kippe ich nach vorn und knalle mit meinem Helm gegen Nagenders. Der Aufprall weckt mich.

Seit einer Ewigkeit sind wir schon durch kein Dorf mehr gekommen und haben auch kein *Dhaba*, einen Rastplatz, auf dem es *Chai* und kalte Getränke gibt, passiert. Dabei brauchen wir dringend eine Pause. Nagenders Handflächen sind schon ganz aufgeweicht von der Vibration des Lenkers. Die Hosen längst durchnässt, sitzen wir mit wunden Hinterteilen in unserem eigenen Schweiß. Nicht einmal einen Quadratmeter Schatten am Straßenrand gönnt uns die Sonne. »Kannst du noch?«, fragt mich Nagender. Ich bejahe und reiße mich zusammen, beginne mit Fußgymnastik und recke die Arme in die Luft. Hauptsache, wach bleiben.

Nach einer unendlichen Stunde fahren wir in das wuselnde Durcheinander eines Dorfs. Am ersten Imbiss mit Markise machen wir Halt. Wir schälen uns von unseren Sitzen, strecken die Glieder und retten uns in den Schatten. Nagender holt zwei eiskalte Limonaden aus dem Kühlschrank. Wir trinken, blicken ins Leere, sprechen kein Wort. Um unseren Blauen Blitz sammeln sich währenddessen Neugierige. Aufgeregt wird beraten, welcher Kraftstoff unser Vehikel wohl antreibt, was damit verkauft wird und woher es stammen mag. Von unten und oben wird es beäugt und berührt. Manch einer schwingt sich sogar auf den Sitz. Meistens

---

Paare, die Zärtlichkeiten in der Öffentlichkeit austauschen, sind in Indien ein äußerst seltenes Bild. Da sie sich heimlich treffen müssen, verstecken sich Verliebte gerne in weitläufigen Parkanlagen (linke Seite).

lässt Nagender es sich nicht nehmen, stolz daneben zu stehen und alle Fragen zu beantworten. Aber nicht jetzt. Jetzt holt er lieber eine zweite Runde Limo aus dem Kühlschrank. Nach der lebensrettenden Pause steigen wir wieder auf unsere Sitze. Noch 120 Kilometer bis nach Udaipur. Wenn alles glatt läuft, brauchen wir vier Stunden. Wir hoffen, die Stadt noch bei Tageslicht zu erreichen.

Leider läuft nichts glatt. Als die Dämmerung einsetzt, liegen noch 60 Kilometer vor uns. Wir stehen im Stau. Der Highway ist wegen Bauarbeiten gesperrt. Alle Fahrzeuge werden durch die Baugrube umgeleitet. Doch ist der Absatz zwischen dem Asphalt der Straße und der Grube so hoch, dass einige Autos aufsetzen und steckenbleiben. Mit Holzbrettern, Steinen und Muskelkraft versuchen die Männer, wieder Boden unter ihre Wagen zu bringen. Auch für unsere Rikscha ist die Kante zu hoch. Um sie herunterzulassen, brauchen wir eine Rampe. Nagender steigt ab und redet mit Bauarbeitern. Gemeinsam legen sie eine Rampe aus Holzlatten aus, um in die Grube hinein- und einige Meter weiter wieder hinauszukommen.

Als wir endlich die Fahrt fortsetzen können, ist es dunkel. Wir haben nur ein schwaches Vorderlicht, hinten markieren ein paar bunte Reflektoren die Abmessungen. Der letzte Abschnitt nach Udaipur wird zur Zitterpartie. In der Dunkelheit ächzt die Rikscha einen steilen Berg hinauf. Die Straße ist schmal und unser Blauer Blitz bewegt sich in Schrittgeschwindigkeit bergauf. Die Lastwagen rauschen dicht an uns vorbei. Schließlich führen uns Serpentinen wieder nach unten. Am Fuße des Bergs sehen wir die Lichter Udaipurs. Der Linksverkehr und die Lastwagen zwingen uns an den äußersten Rand der Straße. Zum Glück ist es so dunkel, dass ich nicht sehen kann, wie steil es neben uns hinabgeht. Der Gegenverkehr blendet, ich höre unsere Bremsen jaulen und schließe vor Angst die Augen.

»Wir haben es geschafft, Chrissi«, höre ich Nagender einige Zeit später sagen. Und wirklich, wir rollen durch hell erleuchtete, lebendige Straßen. Ich sehe Frauen mit Einkaufstüten, Männerhorden vor Alkoholshops und eine Gruppe europäischer Touristen in Haremshosen. Wir erreichen den Pichhola-See. An seinen Ufern stehen Paläste, Tempel und *Havelis* und werfen goldene Spiegelbilder in das ruhige Schwarz des Sees. Wir halten an und setzen uns auf eine Mauer am Ufer. Einen Moment lang verweilen wir vor diesem Anblick. Die Belohnung für alle Entbehrungen der Reise. Indien macht mich wieder sprachlos, in einem Moment vor Chaos und Grausamkeit und im nächsten vor Schönheit.

Die Wirklichkeit holt uns schnell wieder ein. Die Stadt ist ein Touristenmekka, windige Geschäftsmänner sind hier auf Rupienjagd und ihnen ist jedes Mittel recht. Wir tappen in eine Touristenfalle und erwischen ein überteuerters Zimmer in einer Absteige – kein Licht, schmutzige Laken und ein stinkendes Klo. Mit meinem Turnschuh töte ich eine Kakerlake. Als das riesige Insekt zerquetscht an der Sohle klebt, lasse ich mich aufs Bett sinken und heule los. Vor lauter Ekel, weil die Anspannung endlich nachlässt, dass wir heil angekommen sind, vor Hunger und Müdigkeit. Nagender holt uns etwas zu essen aufs Zimmer. Gesättigt und erschöpft vergesse ich jedes Unbehagen und schlafe ein.

Die Ruhe Udaipurs entschädigt uns für die beschwerliche Anreise. Am Morgen tauschen wir unser schäbiges Quartier gegen ein herrliches Schlafgemach in einem *Haveli*. Die meist aus dem 19. Jahrhundert stammenden Wohnhäuser von wohlhabenden muslimischen Händlern sehen aus wie orientalische Paläste. In Udaipur befindet sich heute in jedem zweiten *Haveli* ein Hotel. Wir beschließen, uns auszuruhen und die Schönheit dieses Ortes mit allen Sinnen zu genießen. Das Hotel hat blütenweiße Wände, auf dem Boden liegen Mosaike aus Steinen, im Innenhof steht ein Haustempel, in dem eine bunte, schillernde Hindugottheit hockt. Schmale Treppen führen auf verschiedene Ebenen. In den oberen Stockwerken reichen Erker bis über den See hinaus. Zwei Stufen führen hinauf auf eine gepolsterte Fläche, in deren Mitte ein Tisch auf kurzen Beinen steht. Wir lassen uns nieder, setzen uns an die geschwungenen Fenster und genießen den Blick über den See bei einem guten Kaffee. Es herrscht Stille, nur ein leichter Wind weht durch die offenen Fenster und das Gurren der Tauben ist zu hören. In der Mitte des Sees liegt ein weißer Palast, gleichfalls ein Hotel. Eingerahmt wird die ganze Szenerie von den sanften, grüngelben Hügeln des Aravalli-Gebirges. Vor den Erkern der *Havelis* scheint das Leben langsam und still vorbeizuziehen. Ich kann mir gut vorstellen, wie sich indische Paare im Schutz dieser weißen Wände näherkommen.

Draußen, in seinen engen Gassen, ist Udaipur eine geschäftige Touristenstadt. Ein Souvenirgeschäft reiht sich an das nächste, es gibt German Bakery, French Café, Continental Breakfast und Reisebüros. Der dichte Verkehr verstopft die Sträßchen. Fußgänger aus aller Welt schieben sich vorbei an stinkenden Staus und kauenden Kühen. Wir lassen uns im Menschenstrom treiben, passieren eine Brücke und erreichen einen weitläufigen Platz am Ufer des Sees. Von hier hat man einen guten Blick auf die *Havelis* und Paläste auf der anderen Seite. Ein riesiger Baum mit breiter Krone spendet Schatten.

Hier entdecken wir sie: verliebte indische Paare. Sie sitzen am Ufer, dicht beieinander, halten sich an der Hand oder gar fest umschlungen. Sie tauschen verliebte Blicke, leichte Berührungen, zarte Worte. Ich kann meine Augen nicht abwenden. Ich habe keine Ahnung, ob diese Paare arrangiert verheiratet wurden oder ob sie sich heimlich treffen, aber eines ist offenkundig: Sie sind verliebt. Mein Herz hüpft. Sofort keimt Hoffnung für meine Freundin Kanika auf. Ein Pärchen scheint sehr offen mit seiner Liebe umzugehen: Sie lassen sich von einem Fotografen am Ufer porträtieren. Ich beobachte sie einen Moment lang und wage mich schließlich mit der Frage vor, ob sie verheiratet seien. Ich erfahre, dass Jyoti und Pravin vor zwei Wochen verheiratet wurden. Sie haben sich vor der Hochzeit kaum gekannt. Nachdem der Termin ihrer Hochzeit feststand, durften sie sich drei Mal treffen. »Aber wir haben uns heimlich auf WhatsApp geschrieben«, sagt Jyoti. Die Hochzeit sei aufregend gewesen und Pravin wäre ihr Traummann, sagt die schöne Inderin. »Wir sind auf Hochzeitsreise. Hier in Udaipur können wir tun, was Verliebte tun«, sagt Pravin, der seine Augen hinter einer stylischen Sonnenbrille versteckt. Er nickt seiner jungen Frau zu. Jyoti kichert. Sie bleiben das einzige Paar, das mit uns sprechen möchte. Andere Pärchen fotografiert Nagender heimlich. Als wir näher kommen und sie unsere Kameras sehen, werden sie scheu, stehen auf und gehen.

Zurück im Erker unseres *Havelis* hängen Nagender und ich unseren Gedanken nach. Das Licht der untergehenden Sonne glitzert auf dem See. Die Zwiebeltürmchen, die geschwungenen Fenster, die verzierten Säulen zeichnen sich als Silhouetten vor einem feuerroten Abendhimmel ab. Mir gehen die flüchtenden Paare nicht aus dem Kopf. Liebe und Zuneigung ist in Indien offensichtlich etwas, für das man sich schämt. Dabei gibt es doch kein schöneres Gefühl! Jeder Mensch sehnt sich nach Liebe, jeder Mensch braucht sie. Ist diese Unterdrückung ein Teil der Männergesellschaft? Weil Gefühle zeigen Schwäche bedeutet? Ich verstehe es nicht. Aber es erleichtert mich, dass ich sie gesehen habe, die Verliebtheit. Wie auch immer diese Schmetterlinge im Bauch bei einer arrangierten Hochzeit entstehen, Jyoti und Pravin haben sie. Für Kanika besteht also Hoffnung.

Die Romantik der Stadt Udaipur zieht frisch Verheiratete an (unten). Hier verbringen sie ihre Flitterwochen. Zärtlichkeiten unter Ehepartnern sind zwar in der Öffentlichkeit auch nicht erwünscht, werden aber meistens toleriert (oben).

Wo bleibt der Sex?

Gefühle hinter Verschluss

Christina: Nagi, was verstehen die Menschen in Indien eigentlich unter dem Begriff Liebe? Gibt es deiner Ansicht nach kulturelle Unterschiede?
Nagender: Wenn wir über das Gefühl Liebe sprechen, meinen die Menschen in Indien das gleiche wie die Leute in Deutschland. Die kulturellen Unterschiede liegen im Ausleben dieser Gefühle.

Das habe ich während unserer Reise beobachtet. In Indien scheint es kaum möglich zu sein, Liebe zu leben.
Wir leben Liebe und Romantik in unserer Fantasie. Inspiriert werden wir durch Bollywood-Filme.

Was finden Inderinnen und Inder eigentlich romantisch?
Regen! Wir leben in einem sehr heißen Land, deswegen wird Regen als besonders romantisch empfunden. Es gibt viele Bollywood-Songs über Liebe, deren Videos im Regen spielen. Zum Beispiel tanzt in einem bekannten Video ein verliebtes Paar über eine Blumenwiese, während es heftig regnet. Männer finden es auch sexy, wenn die Kleidung einer Frau vom Regen ganz durchnässt ist.

Solche Liebesfantasien, wie im Regen tanzen und sich näherkommen, werden nicht gelebt?
Nicht offen, nein. Die Gesellschaft erlaubt das nicht. Romantik ist ein Tabu wie Sex. Inder und Inderinnen wissen auch nicht, wie sie Liebe ausdrücken sollen. Sie haben damit keine Erfahrung. Alles was sie über Liebe wissen, haben sie in Bollywood-Filmen gesehen.

Aber was passiert für gewöhnlich zwischen Ehemann und Ehefrau, wenn niemand hinsieht, wenn sie mal allein sind?
In Indien wird Liebe zwischen Ehemann und Ehefrau leider zumeist als Service und Aufopferung der Frau gegenüber dem Mann verstanden. Frauen werden sogar dazu erzogen. Sie haben die Bedürfnisse des Mannes zu erfüllen. Gemeint sind natürlich hier die sexuellen Bedürfnisse. Der Mann ist im Gegenzug der

Beschützer und Versorger der Familie. Gespräche über Sex und Zärtlichkeit sind auch unter Eheleuten tabu. Deshalb kenne ich viele indische Männer, die sich ihre sexuellen Wünsche von Prostituierten erfüllen lassen. Sie trauen sich einfach nicht, ihre eigene Ehefrau danach zu fragen. Mit ihr vollziehen sie den Akt mehr zu Fortpflanzungszwecken.

Das heißt, die Männer scheren sich auch nicht um die Bedürfnisse ihrer Frauen? Denkst du, Liebe würde offener gelebt werden, wenn Frauen sich emanzipierten?
Ja, das denke ich. Wir sind eine patriarchalische Gesellschaft. Frauen sind weniger wert als Männer, haben keine Stimme. Wir pflegen zu sagen, dass eine Frau ihre Identität verliert, sobald sie verheiratet wird. Frauen haben überhaupt nicht die Möglichkeit, sich in Sachen Liebe auszuleben. Sie dürfen Sex nicht ablehnen oder gar nach Zärtlichkeit fragen. Ein gewöhnlicher indischer Mann denkt nicht einmal daran, sich selbst ein Glas Wasser zu holen, wenn er eine Ehefrau hat, die das für ihn erledigen kann. Nichts läge ihm ferner, als sie nach ihren Liebesträumen zu fragen. Sie ist seine Dienerin, ihre Gefühle kümmern ihn nicht. Emanzipation würde helfen. Denn selbstbewusste Frauen sagen, was sie wollen, und stehen gerade vor einem Mann.

Im Haus der Schwestern in Haryana und auch bei dem Priester und seiner Frau in Barsana habe ich den Eindruck gewonnen, dass Liebe Luxus ist. Je mehr Wohlstand eine Familie hat, desto mehr Raum bleibt für die Liebe, ist das so?
Ja, das ist so. Indien ist ein sehr armes Land. Viele Menschen wissen morgens nicht, ob sie am Tag etwas zu essen bekommen. Liebe fällt bei dem täglichen Überlebenskampf oft völlig unter den Tisch.

Jamal, der Kellner im Café in Jodhpur, hat gesagt, es gebe Veränderungen in der jungen Generation. Junge Leute würden ihre Liebe freier leben. Siehst du diese Veränderung auch?
Ja. Vor 20 Jahren konnten wir nicht einmal offen über eine Liebeshochzeit sprechen. Heute treffen sich junge Männer und Frauen, hängen zusammen herum und reden offen über Liebe und Partnerschaft. Und sie haben auch Beziehungen vor der Ehe. Allerdings leben sie diese nicht offen aus. Du wirst nur ganz selten mal ein Paar sehen, das Händchen hält. Zärtlichkeiten tauschen sie nur heimlich und versteckt hinter Bäumen in Parks aus. Diese Veränderungen

finden auch nur in den modernen Metropolen statt. Die meisten Menschen in Indien leben jedoch in den Dörfern. Hier läuft es mit der Liebe wie vor 20 Jahren.

In Udaipur haben wir Paare in den Flitterwochen gesehen. Sie sahen aber doch wirklich verliebt aus und sie lebten auch Liebe und Romantik.

Das ist in der Tat eine Veränderung: Junge Ehepaare aus den Städten leben romantische Gefühle immer häufiger auch aus. So offen allerdings erst, sobald sie verheiratet sind.

Was passiert in den ersten Wochen und Monaten in einer solchen modernen arrangierten Ehe?

Weil sie die romantischen Gefühle so lange unterdrücken mussten und sie jetzt endlich, nach der Hochzeit, ausleben können, entsteht sehr schnell ein Kribbeln im Bauch. Schon vor der Hochzeit sorgen Freunde und Familie von Braut und Bräutigam für eine spannende Atmosphäre. Es werden Witze und Anspielungen auf die Hochzeitsnacht gemacht. Das hat natürlich auch Auswirkungen auf das Paar. Bei der Verheiratung sind sie meistens zwischen 22 und 24 Jahre alt und hatten noch keinen Sex. Innerlich warten sie schon längst brennend darauf. Nach der Hochzeit haben sie endlich die Chance, ihre Fantasien auszuleben. In Indien machen wir Witze darüber, dass die ersten sechs Monate einer Ehe die besten sind, weil diese Zeit nur der körperlichen Liebe gehört.

Dieser silberne Langur zeigt sehr deutlich, wo seine Qualitäten liegen (rechte Seite).

मुख्य अतिथि: श्री अ. मजीद गौरी महापौर एवं
विशिष्ट अतिथि: श्री नारायण किशन मूथा
महामंत्री ब्लॉक (अ) पार्षद, वार्ड सं.13 व
श्री सुनील व्यास की अध्यक्षता में
लोकार्पण किया गया।
जगदीश चन्द्र पुरोहित RAS
मुख्य कार्यकारी अधिकारी
GOD OF SEX

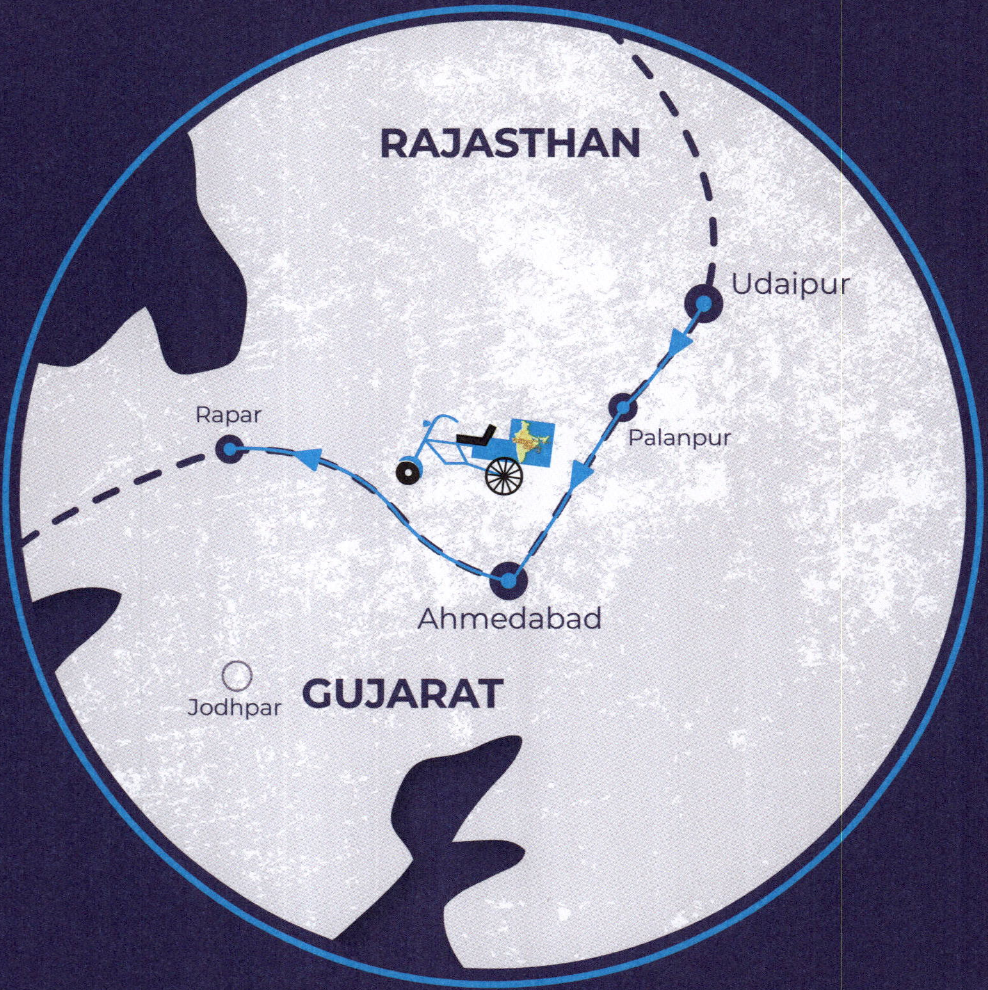

RAJASTHAN
Udaipur
Palanpur
Rapar
Ahmedabad
GUJARAT
Jodhpar

Salt and Pain

Von wahren Heldinnen

Im indischen Bundesstaat Gujarat liegt die Salzwüste Rann von Kachchh. Auf unserem Weg in die Hauptstadt des Staates, Ahmedabad, durchqueren wir eine dornige, lebensfeindliche Landschaft. Ihre Bewohner wirken ebenso widerspenstig wie ihre Umgebung. Kein Wunder, dass ausgerechnet hier weiblicher Widerstand gegen die Männergesellschaft keimt. Zusammen mit einer Wüstenführerin wagen wir uns hinaus in die Salzwüste. Wir entdecken eine faszinierende Natur und treffen Menschen, die in dieser Kargheit überleben, fantasievolle Mode tragen und einen eigenen Weg gegen den Frauenmangel gefunden haben. Wir lernen, dass Liebesgeschichten manchmal dort zu finden sind, wo man sie am wenigsten vermutet, und dass eine einzige Mücke einen großen Plan zum Scheitern bringen kann.

Widerstand der Frauen

Ahmedabad, Gujarat

Wie ein graues Band schlängelt sich die asphaltierte Straße bis zum flimmernden Horizont. Die Landstraße ist gerade so breit wie unsere Rikscha. Am Rand wuchern Dornenbüsche. Zähes Gestrüpp, das dicht am Boden liegt und dessen dicke Dornen sich durch das Gummi unserer Flipflops bohren. Der Boden in dieser Gegend ist so trocken, dass er aufbricht. Drahtige Männer mit gegerbter Haut kommen uns entgegen. Sie tragen Reissäcke auf dem Kopf oder treiben Ziegenherden vor sich her. Sie wirken rau wie die Landschaft.

Wir sind auf dem Weg nach Ahmedabad, der Hauptstadt des Bundesstaats Gujarat. Hier wollen wir Kämpferinnen treffen. Nach den ersten Etappen unserer Reise habe ich die Männergesellschaft satt. Ich sehne mich nach Frauen, die nicht unter dem Joch ihres Ehemanns stehen. »Wo es Unterdrückung gibt, muss es auch Widerstand geben«, habe ich zu Nagender gesagt. Ihm fiel daraufhin die Stadt Ahmedabad ein. Hier lebte Indiens berühmtester Widerstandskämpfer, Mahatma Gandhi. Nagender weiß von der Hilfsorganisation AWAG, was »Stimme« bedeutet und zusätzlich für die Abkürzung Ahmedabad Womens Action Group steht. Die NGO wurde 1981 gegründet zum Protest gegen Gewalt gegen Frauen, und um die Frauenrechte in der Gesellschaft zu stärken. Wir sind mir der Leiterin der Organisation, Sara Baldiwala, verabredet.

Ein Brückenkoloss auf Stelzen aus Stahl und Beton führt uns über das Wasser des Sabarmatis nach Ahmedabad, eine Megacity mit über fünf Millionen Einwohnern, vierspurigem Verkehr und Shoppingmalls. Außerdem ist Ahmedabad Zentrum der IT-Industrie und Produktionsstätte für Textilien und Chemikalien. Der indische Premierminister Narendra Modi stammt aus Gujarat. Seit seiner Amtszeit wird kräftig in die Infrastruktur dieses Staats investiert.

Tagsüber flirrt die Hitze über dem Asphalt. Erst im lauen Abendlicht kommt das Leben zurück auf Indiens Landstraßen (linke Seite).

Die Hauptstadt profitiert spürbar davon. Am Rande des Sabarmatis ist eine etwa zehn Kilometer lange schicke Uferpromenade samt Parks und Spielplätzen entstanden. Hier tummeln sich am frühen Abend Familien und Paare.

Nagender ist angespannt. Mit der Dämmerung kommen die Mücken. In Nordindien grassiert gerade das Dengue-Virus. Die Krankenhäuser der großen Städte sind voller Patienten. Der Dengue-Viurs wird von der Tigermücke übertragen. »Wir müssen uns gut einsprühen«, sagt er und gibt mir das Moskitorepellent. Dann steigen wir wieder auf die Rikscha und lassen die Blutsauger im Fahrtwind zurück. Um zu AWAG zu gelangen, müssen wir einmal quer durch die Stadt. Die Hilfsorganisation befindet sich in einer armen Gegend. Zusammen mit einer hupenden Armada aus grünen Tuktuks mit gelben Dächern fahren wir hinein ins Elendsviertel. Ich bin überrascht, als ich das Quartier der Hilfsorganisation sehe, ein großes gepflegtes Gebäude. Im klimatisierten Büro der Leiterin müssen wir warten.

Endlich betritt Sara Baldiwala den Raum. Sie stellt sich uns als Sara-Ben vor. Ben bedeutet in Gujarat Schwester. Sara-Ben nimmt hinter ihrem Schreibtisch Platz, flankiert von mehreren Mitarbeiterinnen. Sie muss über sechzig Jahre alt sein, ihr Blick ist stark und doch strahlen ihre Augen eine mütterliche Wärme aus. Wir erfahren, dass sich AWAG für Frauen in Not, Frauenrechte und Emanzipation einsetzt. Die Hilfsorganisation beschäftigt Rechtsanwältinnen, Kauffrauen, Pädagoginnen. Sie bildet Sozialarbeiterinnen aus, die in ganz Indien Frauen Hilfe zur Selbsthilfe geben.

Wendet sich eine Frau an AWAG, steht ihr persönliches Bedürfnis im Mittelpunkt: »Wir können ihr beratend zur Seite stehen, ihr aber auch helfen, ihr Leben zu ändern, sie schützen, in eine Notunterkunft aufnehmen, in Lohn und Brot bringen und Gewalt, die ihr angetan wurde, zur Anzeige bis hin zum Urteil bringen«, erklärt Sara-Ben. Ein nicht selten unfassbar schwerer Weg. Es fange schon damit an, dass die Frauen aus ländlichen Gegenden gar nicht wüssten, ab wann sich der Ehemann vergehe. »Das indische Gesetz ist eigentlich gut. Doch geltendes Recht wird leider nur sehr selten umgesetzt«, sagt sie. Die Männergesellschaft stünde der Umsetzung der Frauenrechte im Weg. So werde heute eine Vergewaltigung in der Ehe immer noch als Kavaliersdelikt angesehen. AWAG mache sich dafür stark, juristische Verfahren bis zum Urteil zu begleiten, schaffe Öffentlichkeit und bleibe auch bei langwierigen Prozessen standhaft. »Für Veränderung brauchen wir einen langen Atem«, sagt Sara-Ben.

Alle Mitarbeiterinnen, die sich mit uns im Büro befinden, sind Single. Jede hat ihre eigene, schwere Vergangenheit und suchte einst Hilfe bei AWAG. Sie haben für ihre Unabhängigkeit gekämpft und bestreiten heute den Lebensunterhalt für sich und ihre Kinder selbst. Je mehr wir über sie erfahren, desto größer wird unser Respekt. Eine der Frauen ist Rechtsanwältin. Sie lebt getrennt von ihrem gewalttätigen Mann und arbeitet für AWAG. Sie vertritt Frauen, die Opfer von häuslicher Gewalt wurden. Eine andere wurde als Jugendliche zur Prostitution gezwungen. Sie floh und begab sich in die Obhut von AWAG, wo sie lange versteckt leben musste. In der Näherei der Organisation verdiente sie erstes eigenes Geld, machte eine Ausbildung und arbeitet heute in der Verwaltung. »Diese Frauen werden von der Gesellschaft stigmatisiert. Sie bekommen keinen Job, werden ausgegrenzt und von der Justiz nicht ernst genommen. Wir geben ihnen, was sie brauchen, um ein neues Leben zu beginnen. Das ist vor allem eine Arbeit, um wirtschaftlich unabhängig zu sein. Wir kämpfen mit ihnen für Gerechtigkeit. Vorausgesetzt, sie wollen diesen harten Kampf auf sich nehmen«, sagt Sara-Ben.

Auch Sara-Ben hat gekämpft. Ihre persönliche Geschichte erzählt sie uns später, bei sich zu Hause. Nur einige Straßen von der NGO entfernt wohnt sie in einem schicken Apartment. Im Schneidersitz setzen wir uns auf die Teppiche in ihrem Wohnzimmer und sie beginnt zu erzählen. »Ich wurde als junge Frau in eine reiche muslimische Ministerfamilie verheiratet. Mein Mann und ich bekamen zwei Töchter. Die Familie meines Mannes war sehr gläubig und konservativ. Sie zwangen mich, eine Burka zu tragen. Ich durfte nicht arbeiten, nicht allein ausgehen und sogar in die Erziehung meiner Töchter haben sie mir hereingeredet. Ich fühlte mich wie eine Gefangene«, sagt Sara-Ben mit ernstem Gesicht. »Eines Tages besuchte ich mit meinem Mann eine Veranstaltung in der Stadt und sah zufällig ein Rollenspiel. Eine junge Frau wehrte sich darin gegen die Unterdrückung der Gesellschaft. Die AWAG hatte das Rollenspiel organisiert. Was ich sah, ließ mich nicht mehr los. Monatelang habe ich darüber nachgedacht.« Sara-Bens Lippen beben, während sie spricht. »Ich habe das Gespräch mit meinem Mann gesucht. Wir haben uns damals wirklich geliebt und ich hoffte, er würde sich für meine Wünsche einsetzen. Vor allem wollte ich die Burka ablegen und arbeiten gehen. Doch er unterstützte mich nicht. Nach vielen Streits und Tränen habe ich die Familie verlassen.« Obwohl diese Zeit schon lange zurückliegt, ist Sara-Ben heute noch tief bewegt von ihrer Entscheidung. »Mit meinen Töchtern bin ich zu AWAG gegangen und habe um Hilfe gebeten. Sie gaben mir einen Job. Mein Mann hat mich nie geschlagen. Ich bin gegangen, weil ich frei sein wollte.« Am Anfang sei es hart gewesen. Weil das Geld kaum reichte, mussten sie in einen Verschlag im Slum ziehen. »Nur als freie Frau konnte ich meine Töchter zu selbstbewussten Frauen erziehen und ihnen zeigen, dass sie alles erreichen können. Ich habe hart dafür gearbeitet, damit ich sie in die Schule und zur Universität schicken konnte.« Eines Tages stand ihr Mann vor der Tür, er wollte seine Familie zurückhaben und zog dafür sogar in den Slum. »Er probierte es tatsächlich aus, doch er hat es nicht geschafft, sich zu verändern.« Sara-Ben lächelt, als hätte sie es auch damals schon gewusst. »Für ihn war ich seine Ehefrau, die ihn zu bedienen hat. Er kann nicht anders, dieses Denken sitzt zu tief in ihm. Schließlich haben wir uns endgültig getrennt. Doch wir schätzen uns bis heute und unsere Töchter verbinden uns. Ich habe es vom Slum bis in dieses Appartement geschafft, aus eigener Kraft als freie Frau. Und ja, ich habe geliebt, aber diese Liebe hat die Zwänge der Gesellschaft nicht überlebt.«

Wir schweigen. Wie so oft auf dieser Reise denke ich auch jetzt wieder über mich selbst nach. Ich habe meine Freiheit einfach so geschenkt bekommen und mit ihr die Aufgabe, das Beste aus meinem Leben zu machen. Wir reden bis tief in die Nacht. Nagender und ich beschließen, dass wir uns die Arbeit von AWAG in den Dörfern ansehen wollen. Im Westen von Ahmedabad befindet sich die Rann von Kachchh, Indiens Salzwüste. Ein echtes Naturphänomen, erzählt Sara-Ben. Die Wüste teilt sich in die Gebiete Kleine Rann und Weiße Rann auf. In der kleinen Rann gibt es einige Dörfer. In ihnen arbeiten Sozialarbeiterinnen von AWAG, die wir besuchen können, so Sara-Ben. Doch wird dürften auf keinen Fall allein in die Wüste fahren. »Dort findet ihr euch nicht zurecht, geht verloren oder werdet ausgeraubt«, warnt sie und verspricht, uns eine ihrer Mitarbeiterinnen zur Seite zu stellen. »Sie wird euch in die Wüste führen und den Kontakt zu den Bewohnern erleichtern, denn sie sprechen eine andere Sprache als ihr«, sagt Sara-Ben. In drei Tagen sollen wir im Morgengrauen zum Quartier von AWAG kommen und zusammen mit unserer Wüstenführerin aufbrechen.

Unsere Freundin Sara Baldiwala ist Leiterin der Frauenhilfsorganisation AWAG (oben). Während Nagender mit der Kamera hantiert, sitze ich oft nur da und beobachte, was um mich herum passiert (unten).

Was ist mit den Rechten?

Indiens bedrohte Frauen

Christina: Sara-Ben, die Hilfsorganisation AWAG hilft vor allem Frauen, denen Gewalt angetan wurde. Um welche Art von Gewalt handelt es sich dabei?
Sara Baldiwala: Die meisten Frauen werden Opfer von häuslicher Gewalt. Ihr Ehemann schlägt und vergewaltigt sie. Viele Inderinnen, vor allem im ländlichen Raum, wissen nicht einmal, dass sie die Gewalt nicht ertragen müssen und dass es Hilfe für sie gibt. Die Opfer trauen sich nicht, sich jemandem mitzuteilen, und haben kein Vertrauen in die Justiz.

Wie finden Sie diese Frauen?
Wir schicken Sozialarbeiterinnen in die Dörfer. Vordergründig klären sie in Sachen Hygiene auf. Zu diesem Thema besteht viel Informationsbedarf. Nebenbei reden die Sozialarbeiterinnen mit den Frauen dann auch über Gewalt. Manchmal teilen sich die Opfer von selbst mit, manchmal spüren die Sozialarbeiterinnen sie aber auch auf.

Was geschieht dann?
Wenn die Frauen es zulassen, versuchen die Sozialarbeiterinnen oder unsere Pädagoginnen, die Situation in den Familien zu beruhigen, den Täter zu warnen. In den seltensten Fällen, oft nur, wenn es für eine Frau lebensbedrohlich ist und sie einen starken Charakter hat, traut sie sich, juristisch vorzugehen. Wir begleiten die Opfer auf ihrem Weg, welchen sie auch immer wählen.

Was geschieht in Indien mit einer Frau, die vergewaltigt wurde?
In Indien sind sexuelle Beziehungen ein heikles Thema. Hier kommen sexuelle Beziehungen fast ausschließlich in arrangierten Ehen vor. Wird eine Inderin vergewaltigt, wird sie stigmatisiert. Die Chancen auf Gerechtigkeit, auf eine Verurteilung des Täters stehen sehr schlecht, besonders wenn der Ehemann der Täter ist. Eine Vergewaltigung in der Ehe gilt nicht als Verbrechen. Viel mehr wird die Erfüllung der sexuellen Bedürfnisse des Mannes als Pflicht einer Ehefrau angesehen. Dagegen hat sie sich nicht zu wehren.

Wie sieht die Rechtslage aus? Gibt es keine Gesetze, die Frauen schützen?
Das bestehende Gesetz in Indien ist sogar sehr gut. Ich würde sogar sagen, dass wir im Hinblick auf die Frauenrechte liberalen Ländern wie Deutschland nicht nachstehen. Aber leider sind die Frauenrechte nicht in den Köpfen der Menschen angekommen. Es gibt keine Sensibilisierung für Gender-Themen. Außerdem fehlt die Struktur, die Gesetze auch umzusetzen. Polizisten, Richter und Anwälte denken immer noch in den alten patriarchalischen Strukturen. Kommt eine Frau und zeigt eine Vergewaltigung an, dauert es bis zu sieben Jahre, bis sie Gerechtigkeit erfährt, wenn man sie überhaupt ernst nimmt. Oft haben die Frauen, die diesen Schritt wagen, nur Nachteile. Die Vergewaltigung wird bekannt, sie werden ausgestoßen und verlieren alles. Das ist etwas, das sich dringend ändern muss.

Die Denkweise der patriarchalischen Gesellschaft scheint wirklich hartnäckig zu sein. Wie sieht ihr Bild einer »perfekten Frau« genau aus?
Die perfekte Inderin ist diszipliniert und stets bereit, sich aufzuopfern. Sie stellt sich immer ans Ende, die Familie kommt zuerst. Die perfekte indische Frau hat keinen eigenen Willen. Sie führt ihre Pflichten aus, ohne selbstständig zu denken.

Wie verhält sich die junge Generation? Findet wenigstens bei ihr eine Veränderung statt?
Die jungen Menschen haben eine andere Sicht auf Frauen und die Rolle der Frau. Veränderung ist da, aber sie vollzieht sich langsam und meist nur oberflächlich – so sehe ich das als Feministin. Die jungen indischen Frauen wollen wie Männer sein. Sich so anziehen wie Männer, Motorrad fahren, eben alles machen, was Männer tun. Ich würde mir hingegen wünschen, dass sie ihre Fähigkeiten und ihre Einzigartigkeit erkennen und selbstbewusst als Frau leben. Dass sie ihre Stimme für ihre Rechte erheben, selbstständig denken und andere Frauen damit inspirieren. Aber bis Frauen in Indien wirklich frei sind, ist es noch ein weiter Weg.

Der Mangel an Frauen führt auf dem Land in Gujarat zu einer perfiden Tauschpraxis, Mädchen werden oft schon als Kinder verheiratet (oben). Unser Gastgeber will seine Kinder Jogesh, Yetl und Rajesh davor bewahren (v. l., unten).

Tränen in der Salzwüste

Rapar, Rann von Kachchh

Es ist fünf Uhr am Morgen, als Nagender mich weckt. Wie leicht er aus dem Bett kommt, denke ich voller Neid und schlurfe mürrisch ins Bad. Ich ahne bereits, dass es für eine ganze Weile die letzte Dusche sein wird und lasse mir Zeit.

Schließlich fahren wir mit dem Aufzug ins Foyer unseres Hotels Ambassador. Von hier aus haben wir in den vergangenen Tagen Ahmedabad erkundet und auf die Abreise in die Wüste gewartet. Der Concierge schläft auf einer Bank hinter der Rezeption. In voller Uniform liegt er auf dem Bauch und schnarcht. »Sir?«, sagt Nagender. In Zeitlupe richtet er sich auf – eher ein Aufsteher meiner Sorte. Wir checken aus und beladen unsere Rikscha. Der Motor röhrt. Der Fahrtwind ist es, der mich schließlich richtig aufweckt. Das Erwachen eines neuen Tags in Indien weckt meine Abenteuerlust. Diese Ruhe vor dem Sturm, bevor alles loslegt – die Lautstärke, die Menschenmassen, der Verkehr, die Hitze, das Licht, der Gestank. Wenn die armen Menschen auf den Straßen sich im Morgengrauen auf ihren Pritschen und Pappkartons räkeln, als litten sie an einem Kater vom Sinnesrausch des Vortags. Wenn sie am Straßenrand hocken und an ihrem heißen, süßen Milchtee nippen, der sie stärkt für den täglichen Kampf um jede Rupie.

Vor dem Hoftor des AWAG-Quartiers wartet eine kleine, rundliche Frau in einem grünen Sari. Gauri-Ben, unsere Wüstenführerin, ist um die sechzig Jahre alt und arbeitet bei AWAG. Sie kennt sich bestens in der Salzwüste aus, denn sie war lange als eine Art Gebiets-Sozialarbeiterin in den Dörfern unterwegs. Als sie unsere Rikscha sieht, ist sie nicht begeistert. Da sie mit einer Europäerin und einem Fotografen aus Delhi reisen würde, hatte sie mit einem komfortableren Gefährt gerechnet. »Wollen wir nicht lieber ein Taxi nehmen?«, fragt sie. Nur mit dem Versprechen, sie unterwegs zum Frühstück einzuladen, steigt Gauri-Ben auf. Es geht los.

Kurz nach Ahmedabad verlassen wir den Highway. Entlang der Landstraße duftet die warme Luft nach Cumin. In den Feldern rupfen Frauen die trockenen, braunen Kreuzkümmelpflanzen.

Auch die Baumwolle ist erntereif. Aus den Knospen der Sträucher quellen schneeweiße Wollbäuschchen. Zwischen den Erntehelferinnen arbeiten auch Kinder mit – alle überwacht von einem Aufseher, der einen Stock in der Hand schwingt.

Die Landschaft wird steppenartig, auf dem salzigen Boden wachsen nur ein paar Gräser und Dornenbüsche. Der Boden in der Rann lag einst unter dem Spiegel des Arabischen Meeres. Dann bedeckte die Gegend ein Salzsee, heute dehnt sich eine Salzwüste aus. Nur während des Monsuns füllt sich das Becken der Rann von Kachchh mit Wasser. Diese öde Natur zeichnet eine erstaunliche Artenvielfalt aus. Wir sehen Indische Gazellen und ein plumpes Nilgau kreuzt unseren Weg. »Tigerfood«, sagt Nagender. In einem der wenigen Süßwasserseen waten Flamingos. Es soll hier auch Wölfe, Hyänen, Wildkatzen und die letzten Exemplare des indischen *Wild Ass*, einer weißen Eselart, geben.

Nagender kann die Landschaft kaum genießen. Er muss Gauri-Ben zuhören. Seitdem wir in Ahmedabad losgefahren sind, redet unsere Wüstenführerin ohne Unterlass. Da sie kein Englisch, sondern nur Hindi spricht, wendet sie sich ausschließlich an ihn. Gauri-Ben hat eine starke Stimme, das Knattern des Motors und das Brausen des Fahrtwinds übertönt sie mit Leichtigkeit.

Um zu den Dörfern inmitten der Kleinen Rann zu gelangen, müssen wir den unbewohnbaren Teil der Wüste passieren. Je näher wir dem Nichts kommen, desto karger wird der Boden. Vor einer industriellen Abbauanlage türmen sich Berge aus Salz auf. Nur ein paar Kilometer weiter erstrecken sich von Hand angelegte Salzbecken. Ein einsamer Mann schaufelt die weißen Körner in eine Plastikschüssel. »Jeder darf selbst Salz abbauen«, erklärt Gauri-Ben.

Die geteerte Straße endet. Vor uns liegt ein Band aus Dornenbüschen. Ein mit Staub panierter Jeep kommt aus dem Nichts. Er ist voll besetzt mit ebenfalls panierten Passagieren. Der Fahrer mahnt: »Passt auf euch auf, sonst geht ihr verloren«, bevor er Gas gibt und uns in eine Staubwolke hüllt. Wir fahren hinein, folgen den Reifenspuren. Nach ein paar Minuten verschwindet das grüne Buschband und es gibt nur noch oben und unten, Himmel und Erde. Gauri-Ben zeigt die Richtung an. Wir überholen eine Familie auf ihrem Kamelkarren und ein paar bunte Trucks. Plötzlich hält uns ein Jeep an. Die zwei Männer wollen unsere Erlaubnis für die Wüste sehen. Erlaubnis? Haben wir nicht. Der Ton wird rauer. Einer trägt ein Maschinengewehr. Gauri-Ben diskutiert, Nagender steht mit grimmigem Gesicht daneben. Wir müssen umkehren.

Natürlich finden wir nicht mehr den gleichen Weg und brauchen viel länger.

Doch als würde sich in dem Unglück ein geheimer Sinn verbergen, stehen wir, kaum haben wir die Wüste verlassen, vor einem Café. »Das muss neu sein«, sagt Gauri-Ben überrascht. Nagender ist fassungslos. Coffee Day ist eine Kaffeehauskette, hauptsächlich in Großstädten oder an Highways zu finden. Mitten im Nirgendwo löffle ich also Milchschaum aus meinem Cappucino mit Kakao-Herzchen obendrauf. Krass! Es gibt Sandwiches »Continental Style«.

Anschließend umfahren wir die Wüste, für die wir keine Erlaubnis haben. An einer Kreuzung halten wir an und warten auf einen Kontaktmann. Händler verkaufen hier Süßigkeiten, Frittiertes, Obst und Gemüse. Eine Gruppe von Frauen geht zwischen den Ständen umher. Sie tragen raffinierte Baumwollkleider mit bunten Mustern, fantasievoll bestickt mit kleinen Spiegeln und Pailletten. Die Brust ist farblich mit Nähten abgesetzt, der Rücken wird bis unter die Taille nur durch ein dünnes Band bedeckt. Der lange Rock öffnet sich trichterförmig, am unteren Ende verziert durch Bordüren. Wie schick sie aussehen! Von Gauri-Ben erfahre ich, dass Gujarat für seine Stoffkunst bekannt ist und viele Menschen als Handelsnomaden leben. Sie produzieren die Stoffe und Kleider und ziehen dann von Markt zu Markt. »Sogar weltberühmte Modedesigner haben sich hier inspirieren lassen«, sagt Gauri-Ben.

Sie spricht mit Jagshi, ihrem Kontaktmann. Wir folgen ihm in ein nahegelegenes Dorf. Von Sara-Ben, der Leiterin von AWAG, wissen wir, dass der Frauenmangel in dieser Gegend dazu geführt hat, dass viele Männer keine Ehefrau mehr finden. Das soziale Sicherungssystem der Großfamilie wankt. Deshalb haben die Dörfler eine Regel eingeführt: Gibt Familie A eine Tochter zur Verheiratung an einen Sohn der Familie B, so muss Familie B eine Frau aus ihren Reihen einem unverheirateten Mann der Familie A versprechen. »Auf der einen Seite werden deshalb weniger weibliche Säuglinge getötet, auf der anderen Seite fördert es Kinderehen«, sagt Gauri-Ben. Diese Tauschpraxis nennen die Einheimischen *Sata*. Die Sozialarbeiterinnen von AWAG versuchen, die Fälle von Kinderheirat aufzuspüren und zu verhindern. »Aber das ist sehr schwer, denn die Familien wollen *Sata* und halten dicht«, sagt Gauri-Ben.

Jagshi ist einer der wenigen, der in dieser Gegend ein Auto besitzt. Er arbeitet deshalb als Fahrer und kennt jeden, wie er sagt.

Aus den Dörfern der Wüste stammen einige der besten Handwerkskünstler Indiens. Stolz tragen die Frauen die farbenfrohen Stickereien, Webkünste und Blockdrucke, die sie selbst herstellen (links und ganz rechts).

Die Salzwüste ist ein geografisches Phänomen. In der Trockenzeit ein Land aus hartem Schlamm, wird sie während des Monsuns zu einem See. Durch den hohen Salzgehalt im Boden sind weite Teile völlig unfruchtbar (Mitte).

Er wisse auch, welche Familie gerade *Sata* praktiziere. Jagshi fährt mit uns zu einem typischen Dorfhaus aus Lehmziegeln. Gauri-Ben geht vor und tritt in den Innenhof. Unter diesem Dach leben vier Generationen zusammen mit ihren Ziegen und Hühnern. Wir werden herzlich empfangen, bekommen Milchtee und Kekse. Stolz erzählt das Familienoberhaupt, dass ein Sohn gerade geheiratet hat. Die neue Schwiegertochter wird präsentiert wie eine Errungenschaft. Auf ihrem Arm trägt die schöne Frau ein kleines Mädchen, eine Tochter des Hauses. Die Kleine ist vier Jahre alt und wurde zum Tausch gegen die neue Schwiegertochter dem siebenjährigen Sohn der Schwiegerfamilie versprochen. »Wann werden sie heiraten?«, frage ich. »Wenn sie erwachsen sind«, sagt der alte Mann. Gauri-Ben wird später erklären, dass Mädchen als erwachsen gelten, wenn sie ihre erste Periode haben.

Jagshi fährt uns zu einer weiteren Adresse. Hier wartet Promilla, eine Sozialarbeiterin von AWAG. Promilla ist 19 Jahre alt. Sie erzählt von einem dreizehnjährigen Mädchen, das einen über Vierzigjährigen heiraten soll. »Das Mädchen ist bereit, mit euch zu sprechen, doch zuerst wollte ich mich vergewissern, wer ihr seid«, sagt Promilla. »Ihr müsst wissen, dass das Mädchen nichts gegen ihre Verheiratung unternehmen möchte. Sie hat Angst davor, von ihrer Familie und der Gesellschaft abgelehnt zu werden.« Promilla führt uns zu einem Haus. Hier wohnt die Dreizehnjährige. Sie sitzt im Schneidersitz auf ihrem Bett. »Ja, ich werde bald verheiratet«, sagt sie teilnahmslos. »Er ist dreiundvierzig und sieht nicht gut aus.« Ich frage sie, wie sie es findet, mit einem älteren Mann verheiratet zu werden. »Dass er nicht gut aussieht, gefällt mir nicht. Aber er arbeitet und hat Geld. Das ist gut«, sagt sie. Einmal habe sie ihn gesehen und sie würden sich übers Handy schreiben. »Er sagt, er wird gut für mich sorgen«, erzählt das Mädchen und zuckt wieder mit den Achseln. In ein bis zwei Jahren soll sie ihn heiraten. »Wir können die Mädchen oft nur schwer vor einer Verheiratung schützen, wenn sie damit einverstanden sind«, sagt Promilla. »Doch ich halte den Kontakt zu ihnen. Sie soll wissen, dass ich da bin, wenn sie eines Tages Hilfe braucht.«

Wir verabschieden uns von Promilla, denn es dämmert bereits. Jagshi lädt uns ein, bei ihm zu Hause zu übernachten. Er lebt in einem sehr kleinen Dorf am Wüstenrand. Jagshis Haus ist ein Rohbau und besteht aus zwei gegenüberliegenden Räumen, ohne

Fenster und Türen, aber dafür mit vier Wänden und einem Ziegeldach. Er gilt als einer der Wohlhabenden im Ort. Jagshis Frau trägt eines dieser schönen bunten Kleider. Zusammen haben sie zwei Söhne und eine Tochter: Jogesh, Rajesh und die kleine Yetl. Die Kinder gehen barfuß und tragen Hemden ohne Knöpfe. Und doch sind sie so schön wie die Wildnis, in der sie leben. Sie haben leuchtend schwarze Haare, Haut wie brauner Samt, strahlende Augen und blitzweiße Zähnchen. Sie zeigen mir ihr Dorf. Die Bewohner beäugen mich wie ein seltenes Tier. An der Hand der vierjährigen Yetl stapfe ich durch den Sand und erschrecke mich vor einem mächtigen Bullen mit riesigen Hörnern, der uns den Weg versperrt. Die Kinder haben keine Angst und schieben mit ihren kleinen Händen das mächtige Tier zur Seite.

Eine alte Frau sitzt vor einem Haus. Ihr weißes Haar lugt unter dem Kopftuch einer schwarzen Robe hervor, ihre Haut sieht aus wie die Rinde eines Baumes. An den Ohren hängen lange Haken mit Silberklötzchen daran und ihr Hals ist übersät mit Tätowierungen.

In Jagshis Haus steht das Abendessen bereit. Für die Familie die einzige Mahlzeit am Tag. Jagshis Frau kocht im Haus am offenen Holzfeuer. Das Essen ist ein Gedicht. Jeder bekommt einen frisch gebackenen würzigen Teigfladen aus grobem Gerstenmehl. Dazu gibt es Kartoffeln, Spinat und anderes Gemüse in einer Sauce, *Dal* und eine feuerrote Paste. Wir trinken Büffel-Buttermilch. Nach dem Essen setzen wir uns vor das Haus in die Dunkelheit. Die Kinder singen. Ich fühle mich sehr wohl in dieser Familie. Zur Nachtruhe legen wir uns auf Pritschen, die Familie schläft im Haus. Unsere Betten bestehen aus Holzrahmen, zwischen die eine Bastmatte geflochten ist. Es ist kühl und Jagshis Frau bringt Decken. Unter tausend Sternen schlafe ich ein.

Es ist noch dunkel, als jemand meinen Arm berührt. Vor Schreck fahre ich zusammen. Nagender hält mir eine Rolle Toilettenpapier vor die Nase. »Am besten ist es, du gehst im Schutz der Dunkelheit aufs Feld«, sagt er. Ich rappele mich von der Pritsche auf. Ich schaue auf mein Handy: fünf Uhr früh. Ich habe nicht nur vollen Empfang, sondern könnte auch online gehen. Keine Toilette weit und breit, aber mobiles Internet. Das ist Indien! Wortlos folge ich Nagender zum Feld. »Vorsicht, es gibt hier Kobras, tritt nicht drauf«, warnt er und grinst.

Als wir zu unserem Schlafplatz zurückkehren, wartet Jagshis Frau mit Tee. Jogesh, der älteste Sohn, möchte uns die Wüste zeigen. Er führt uns zu einer Stelle, von der aus wir den Sonnenaufgang fotografieren können. Die trockene Erde knuspert unter unseren Sohlen. Wir schauen in die Weite und sehen, wie sich die Sonne langsam über den Horizont schiebt.

Plötzlich sagt Gauri-Ben: »Ihr seid doch auf der Suche nach Liebesgeschichten. Hier und jetzt will ich euch meine erzählen.« Sie nimmt für das Interview im Schneidersitz auf dem Wüstenboden Platz. Nagender positioniert die Kamera und ich schalte das Diktiergerät ein. »Warst du verheiratet?«, frage ich Gauri-Ben. »Oh ja, das war ich«, beginnt sie zu erzählen. »Mit 18 Jahren wurde ich verheiratet. Mein Mann war sehr nett zu mir und er sah wirklich gut aus. Wir führten eine schöne Ehe und bekamen einen Sohn.« »Was ist passiert, warum seid ihr nicht mehr zusammen?«, frage ich. »Mein Mann bekam Tuberkulose. Er hat es vor mir verborgen, damit ich mir keine Sorgen mache. Er ist an der Krankheit gestorben.« »Was ist nach seinem Tod mit dir und deinem Sohn passiert?« »Wir lebten im Haus meiner Schwiegereltern. Aber sie haben mich grausam behandelt und verprügelt«, Gauri-Ben hebt die Stimme. »Sie wollten mich mit dem Bruder meines Mannes verheiraten, einem Trinker ohne Benehmen. Wir flohen zu meinen Eltern.« »Ging es dir dort besser?«, frage ich. »Nein, es wurde immer schlimmer«, erzählt sie. »Als mein Bruder mich eines Nachts vergewaltigte, wandte ich mich an AWAG. Ich hatte nichts, nicht einmal eine Decke für mich und meinen Sohn. Bei AWAG bekam ich Arbeit und heute kann ich mir vierzig Decken leisten!«, Gauri-Ben ballt ihre Faust. »Ich habe es geschafft, allein klarzukommen. Nie wieder lasse ich mich von einem Mann anfassen oder von anderen schlecht behandeln.« »Wünschst du dir manchmal, dich noch einmal zu verlieben?«, frage ich. Gauri-Ben sieht mich an: »Meine Liebe ist mit meinem Mann gestorben. Die Flamme der Liebe in mir ist für immer erloschen.« Sie hält sich ihre Hand vor die Augen und weint. Überwältigt von ihrer Geschichte knie ich neben ihr und umarme sie. Ihre Tränen fallen auf den Wüstenboden. »Er fehlt mir so«, flüstert sie.

Als ich sehe, dass unsere Wüstenführerin Gauri-Ben beim Interview in Tränen ausbricht, nehme ich sie in den Arm und drücke sie. Wir sprechen vielleicht nicht die gleiche Sprache, doch mein Mitgefühl tröstet sie (rechte Seite).

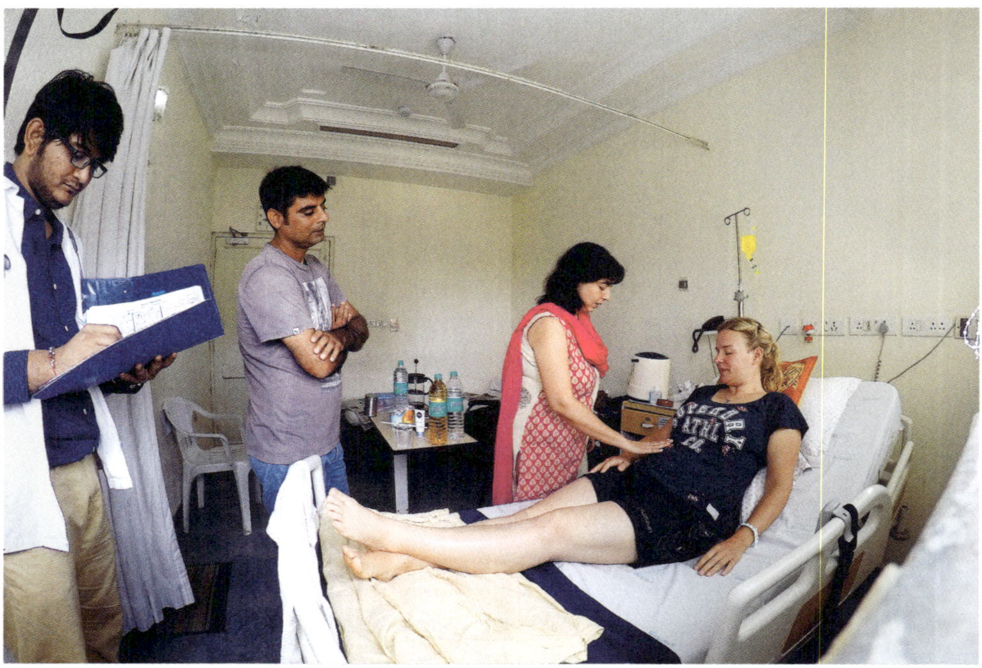

Tuktuks sind im Stadtzentrum von Ahmedabad ein beliebtes Fortbewegungsmittel (oben). Dr. Shalini Pandya ist eine kompetente Ärztin und kennt sich bestens mit Denguefieber aus. Bei ihr bin ich in guten Händen (unten).

Die Essenz der Liebe

Ahmedabad, Gujarat

Der Abschied von Gauri-Ben fällt mir schwer. Sie ist mir während unserer Woche in der Salzwüste ans Herz gewachsen. Kurz darauf sitzen Nagender und ich wieder auf unserem Blauen Blitz Richtung Ahmedabad. Wir freuen uns auf die Dusche im Hotel und eine ausgiebige Mahlzeit. Während wir fahren, ziehen dunkle Wolken auf. Wir halten an, befestigen eine Plane über dem Holzkorpus der Rikscha und ziehen Jacken über. Es beginnt zu regnen, dann zu schütten. Die Tropfen schlagen gegen unsere Helme, durchnässen unsere Jeans. Die Rikscha holpert und plötzlich geht der Motor aus. Nagender lenkt an den Straßenrand. Er versucht zu starten, doch der Motor röchelt nur. »Kaputt«, sagt er auf Deutsch. Der Motor hängt ohne Schutz unter der Rikscha, das Spritzwasser von der Straße hat ihm den Rest gegeben. Klitschnass und ratlos stehen wir am Rand des Highways. Die Trucks donnern dicht an uns vorüber. Es ist kalt. Wir beschließen, die Rikscha zu schieben. Immer wieder versucht Nagender, den Motor zu starten. Manchmal klappt es sogar und wir kommen einen Kilometer voran. So arbeiten wir uns Richtung Ahmedabad vor. Als es dunkel wird, erreichen wir den Stadtrand. Völlig erschöpft, wollen wir uns in einem Restaurant stärken. Doch wir dürfen nicht eintreten, wir sind zu schmutzig. Einen Kaffee und einen Snack bekommen wir trotzdem. Unter einem Schirm vor dem Lokal verzehren wir unsere spärliche Mahlzeit. Das Hotel nebenan wirkt schäbig. Wir müssen weiter schieben. Das nächste Hotel, das unser Reiseführer empfiehlt, liegt mitten in der Stadt und gehört eher in die gehobene Preisklasse. »Wenn wir es bis dahin schaffen, gönnen wir uns dieses schicke Hotel«, sagt Nagender, um mich zu motivieren.

Der Regen wird heftiger. Wie eine lauwarme Dusche prasselt er gnadenlos herab. Die Straße füllt sich mit Wasser. Per Handy versuchen wir, die richtige Abzweigung zu finden. Doch mit meinen nassen Fingern kann ich es nicht mehr bedienen. Ich habe keine trockene Faser mehr am Leib, mit der ich meine Finger abtrocknen könnte. Aus den Gullis schießt das Wasser. Als wir schließlich durch knietiefes Regenwasser waten, bin ich am Ende meiner Kräfte. »Wir müssen es nur bis zur Brücke schaffen«, ruft Nagender mir zu. Die Straße ist zum Strom geworden und an der Brücke können wir die Rikscha aus dem Wasser schieben. Wir stehen mitten in Ahmedabad, um uns blinkende Hochhäuser und lärmender Verkehr. Nagender zeigt auf eines der Häuser hinter der Brücke: Rizz Inn steht in Leuchtbuchstaben darauf, unser Ziel. Noch einmal lässt sich der Motor starten und wir schaffen es über die Brücke. Kurz darauf schieben wir unser völlig verdrecktes Gefährt auf den Vorplatz des Rizz Inns. Die gesamte Belegschaft, die im Foyer des Hotels arbeitet, klebt von innen an den Fensterscheiben und beobachtet uns. Vor dem Hotel steht ein Mitarbeiter, der normalerweise die Edelkarossen der Gäste parkt. Nagender drückt dem verdutzten Mann den Schlüssel unserer Rikscha in die Hand und will das Gepäck ausladen. »Nagi, wir sind bestimmt viel zu dreckig für dieses Hotel, sie werden uns kein Zimmer geben«, sage ich. Nagender schaut auf. Wild entschlossen betritt er das Hotelfoyer und schnauzt los: »Ist in diesem Laden kein Mensch, der einem mit dem Gepäck hilft? Was ist das für ein Luxushotel, in dem alle nur herumstehen? Haben Sie nicht gesehen, dass ich eine Frau dabei habe?« Der Auftritt wirkt. Der Anzugträger hinter der Rezeption signalisiert seinen Untergebenen, uns zu helfen. Wir checken ein und ich darf nicht einmal meine Bauchtasche selbst aufs Zimmer bringen.

In den drei folgenden Tagen hält uns der Regen in Ahmedabad fest. Am Anfang genießen wir die Zwangspause. Wir schlafen lang, lesen die »Indian Times«, speisen ausgiebig, schauen Bollywood-Filme. Am zweiten Tag ziehen wir in Regenjacken durch die Stadt, schießen Fotos, treffen uns zum Tee mit Sara-Ben und gehen früh schlafen. Als der Wetterbericht am dritten Tag immer noch keine Besserung verheißt, werden wir ungeduldig. Wir wollen endlich weiterfahren in die Weiße Wüste, den von einer Salzkruste bedeckten Teil der Rann von Kachchh. Dann soll es weitergehen bis ans Arabische Meer, an den Strand von Mandvi. Um die Zeit sinnvoll zu nutzen, machen wir vom Balkon eines Kaufhauses Filmaufnahmen des dichten Verkehrs.

Und dann passiert es. Wie vom Hammerschlag getroffen, kann ich plötzlich kaum noch stehen. Mir ist schwindelig, meine Hände sind eiskalt. Aber ich kämpfe, um mir nichts anmerken zu lassen, gleich ist es vorbei, denke ich, und suche hastig nach einem Sitzplatz.

In einem Krawattenladen steht ein Plastikhocker, der Verkäufer unterhält sich mit Nagender. Schnell hinsetzen, nur nicht umkippen. Drinnen ist es angenehm kühl. Jetzt kurz warten, gleich hört der Schwindel auf. Es folgen endlose Minuten, in denen ich versuche, dem Gespräch zu folgen und mich zusammenzureißen. Es hilft nichts. Irgendetwas hat mich erwischt. Ich rechne fest damit, dass mich in kurzer Zeit ein unbändiger Drang nach einer Toilette überfällt. So war es bisher immer, wenn ich in Indien krank wurde. Lieber schnell ins Hotelzimmer. »Nagender, wir müssen gehen«, sage ich. »Ja, gleich«, antwortet er. »Nein, jetzt sofort. Es geht mir wirklich schlecht.« Nagender sieht mich erschrocken an. Diesen Satz habe ich noch nie zu ihm gesagt. Ich habe ihn mir aufgespart. Jetzt weiß ich wofür. Als mein indischer Freund bemerkt, dass ich mich kaum auf den Beinen halten kann, erfasst er den Ernst der Lage. Wir nehmen ein Tuktuk ins Hotel. Ab ins Zimmer und auf die Toilette. Ich sitze, warte, nichts passiert. Ich fange an zu frieren. Schleppe mich ins Bett. Ich wickele mich ins weiße Laken. Nagender misst meine Temperatur: 39,4 Grad. Verdammt. Mein Baby! Ich wähle die Nummer meines Frauenarztes in Deutschland. »Paracetamol, sofort und soviel wie nötig«, sagt er. Es hilft, ich schlafe ein.

Doch das Fieber lässt mir keine Ruhe. In der Nacht tränkt Nagender große Frotteehandtücher in kaltem Wasser und versucht, meinen glühenden Körper zu kühlen. »Könnte es Denguefieber sein?«, frage ich ihn. »Auf keinen Fall«, sagt er mit fester Stimme. In aller Frühe beginnt er zu telefonieren. Das Netzwerk Großfamilie funktioniert einmal mehr. Bekannte geben ihm die Adresse einer Ärztin in der Stadt. Ich stelle keine Fragen, verlasse mich ganz auf ihn. Kurze Zeit später liege ich im Behandlungszimmer und Dr. Shalini lauscht durch ihr Stethoskop in mein Inneres. Dr. Shalini trägt weiße Jeans und eine dunkelblaue Bluse. Ernst sieht sie mich an und sagt: »Das ist Dengue. Der fünfte Fall in meiner Praxis heute morgen.« Ein Bluttest bringt Gewissheit. Der Stich einer Mücke habe mich infiziert, so Dr. Shalini. Wahrscheinlich schon vor der Abreise in Delhi. Ich habe große Angst um mein Baby. Dr. Shalini beruhigt mich: »Es gibt keinerlei Hinweise, dass das Virus Embryos schädigt.« Sie wirkt kompetent und veranlasst die Überweisung in ein Krankenhaus. Im nahe gelegenen Hospital hat sie Belegbetten und verspricht, mich einmal am Tag zu besuchen.

Wie in Indien üblich, zieht Nagender mit ins Krankenzimmer ein. Ich bin froh über diese Sitte. Eine Medizin gegen Dengue gibt es nicht. Ich bekomme Kochsalzlösung am Tropf und soll täglich zwischen vier und sechs Liter Wasser trinken, um den Virus herauszuspülen. Das Tückische an der Krankheit: Ab einem gewissen Zeitpunkt nimmt die Zahl der Blutplättchen ab. Das kann schlimmstenfalls zu inneren Blutungen führen. Zwei Mal am Tag wird mein Wert kontrolliert, sinkt er unter ein bestimmtes Niveau, sind Bluttransfusionen nötig, erklärt Dr. Shalini. Ich halte mich genau an ihre Anweisungen und trinke und trinke und trinke. Sechs Liter schaffe ich am Tag, vier Liter Infusion fließen zusätzlich in mich hinein. Jede Viertelstunde muss ich zur Toilette. Auch in der Nacht.

Die Tage vergehen. Mein Handrücken schwillt auf Handballgröße an, aber der Blutplättchen-Wert sinkt nur leicht ab. Dr. Shalini ist zufrieden. Und obwohl sie strenge Diät verordnet hat, drückt sie ein Auge zu, als sie uns mit einem Subway-Sandwich erwischt. Wir können den Krankenhausfraß einfach nicht mehr sehen. Einmal am Tag darf ich zum Ultraschall. Davor muss ich jedes Mal Formulare unterschreiben. Darin versichere ich, dass ich den Arzt nicht nach dem Geschlecht meines Kindes fragen werde, und auf einem anderen Blatt, dass er es mir nicht verraten hat. Eine Maßnahme der Regierung im Kampf gegen die Abtreibung weiblicher Embryos. Nagender begleitet mich zum Ultraschall. Für uns beide ist es der glückliche Höhepunkt in diesen Tagen, wenn wir sehen können, wie mein Baby fröhlich Arme und Beine bewegt und sein Herz pocht. »Dem Baby geht es gut«, sagt der Arzt.

Nach sechs Tagen bin ich über den Berg. Wir können es kaum erwarten, das Krankenzimmer zu verlassen. Schon die Aussicht auf Sonne, frische Luft und Fahrtwind im Gesicht gibt mir Auftrieb. Wir haben vor, ein Hotel in der Nähe des Krankenhauses zu beziehen und von dort aus die Weiterreise zu planen. Ich schultere meinen Rucksack und die Fototasche und laufe Nagender hinterher. Das Hotel liegt in Sichtweite. Die Mittagshitze steht in den Straßen. Mein Anflug von Energie ist dahin. Mit letzter Kraft schleppe ich mich ins klimatisierte Hotelfoyer. Nagender will einchecken. Doch die Dame hinter der Rezeption schüttelt den Kopf. Nagender beginnt zu diskutieren, wird immer lauter. »Was ist los?«, will ich wissen. »Wir dürfen nicht hier wohnen, weil wir nicht verheiratet sind«, sagt er. Die Dame kennt keine Gnade. Nagender packt unsere Rucksäcke und verlässt fluchend die Lobby. Im nächsten Hotel haben wir mehr Glück und dürfen ein Zimmer beziehen. Wir wollen etwas essen gehen und zur Apotheke. Der kurze

Fußweg wird zur Tortur. Jeder Schritt in dieser Hitze, im Staub und Lärm der Straße kostet mich unglaublich viel Kraft. »Vielleicht ist es besser, wenn wir nicht weiterreisen«, sagt Nagender. »Spinnst du? Morgen bin ich wieder fit«, gifte ich ihn an, ich will den Gedanken nicht zulassen. Es fühlt sich an, als würde ich aufgeben. Wir streiten. Nach den Tagen im Krankenhaus liegen unsere Nerven blank. Zurück im Hotel erwartet uns die nächste Katastrophe: Wir müssen das Zimmer räumen, angeblich, weil das Tourist Permit fehlt. Das Rizz Inn kommt uns in den Sinn, eine rettende Idee. »How is Madame?«, fragt der Portier und auch der Mann hinter der Rezeption freut sich, uns wiederzusehen. Wir beziehen das gleiche Zimmer und ich nehme ein Bad. In der Nacht beginnen meine Hände und Füße zu jucken. Dr. Shalini hatte es prophezeit – auch eine Erscheinung des Virus.

Am nächsten Morgen brechen wir auf zu AWAG. Sara-Ben hat unseren Blauen Blitz bis zur Weiterfahrt in die Rann von Kachchh verwahrt. Wir nehmen im Eingangsbereich auf einer Couch Platz und warten. Ich schlafe ein.

Als ich meine Augen wieder öffne, sind zwei Stunden vergangen. Ich liege auf der Couch. An meinen Füßen sitzt Sara-Ben und sieht mich an. »Du hast den Virus in dir«, sagt sie und greift nach meiner Hand. »Du musst dich ausruhen«, sagt sie. »Weißt du, meine Tochter Dasnim wünscht sich sehr ein Kind, doch sie hatte schon zwei Fehlgeburten. Keiner weiß warum.« Ich sehe, wie Sara-Ben Tränen in die Augen schießen. »Dein Körper gehört gerade nicht mehr dir allein. In den nächsten fünf Monaten hast du die Aufgabe, so gut es geht auf dich aufzupassen, damit dein Baby gesund zur Welt kommt. Danach kannst du wieder machen, was du willst. Aber jetzt musst du nach Hause fliegen.« In diesem Moment begreife ich, dass unsere Reise vorbei ist.

Ich beginne, bitterlich zu weinen. Meine Gedanken rasen. All unsere Pläne sind zerstört. Werde ich jemals wieder reisen können, wenn das Baby da ist? Nagenders Enttäuschung, Kanikas Hochzeit, die vielen unbeantworteten Fragen. Gleichzeitig übermannt mich das Heimweh. Sara-Ben richtet mich auf. »Da macht ihr euch auf die Suche nach der Liebe in Indien, dabei trägst du doch die Essenz der Liebe in dir«, sagt sie und lächelt.

Am Kiosk in Ahmedabad gibt es Kautabak, schwarzen Tee und kühle Getränke. Alkohol gibt es hier nicht, der ist verboten. Gujarat ist ein »trockener« Staat (oben).

Typisch Indien ist die Beladungskunst. Wir sind neidisch auf die bequeme Fracht. Unser Sitz ist zwar auch gepolstert, aber nach 14 Stunden Fahrt würden wir einen Turm aus Matratzen unter unseren Hintern bevorzugen.

JHARKHAND
WESTBENGALEN
Kolkata
Sundarbans

Victorias Secret

Im Viertel der Liebesfantasien

In Indiens Westen, in Kolkata, setzen wir unsere Reise fort.
Kolkata war einst Hauptstadt der britischen Kolonialherrschaft.
Unter der Krone von Königin Victoria, zum Vergnügen ihrer Soldaten
entstand hier eines der größten Rotlichtviertel der Welt, Sonagachi.
Wir wollen herausfinden, wie in einem Land, in dem Sex ein Tabu ist,
die käufliche Liebe funktioniert.

Wunder der Natur

Liederbach in Deutschland, Rann von Kachchh in Indien

Als ich die indische Nummer auf meinem Handydisplay sehe, ahne ich schon, dass etwas nicht stimmt. Bei uns in Hessen ist es kurz nach 11 Uhr, als Nagender anruft. Eigentlich müsste er jetzt auf der Rikscha sitzen und mit einem Freund auf dem Weg in die Salzwüste sein. »Hallo Chrissi, wie geht's dir?«, sagt er schwach. »Was ist passiert?«, frage ich mit hysterischem Unterton. »Wir hatten gerade einen Unfall, aber wir leben«, gibt Nagender durch. Mein Herz rast; ein Unfall auf Indiens Straßen in der wackeligen Rikscha, ohne Airbag und Seitenaufprallschutz, wahrscheinlich hatte er nicht mal seinen Helm auf. Grässliche Bilder machen mich schwindelig. Ich bin mittlerweile hochschwanger und lasse mich aufs Sofa plumpsen. »Bist du verletzt?«, frage ich. »Ja, nein, ich weiß nicht. Wir warten auf den Rettungswagen.« Nagenders Stimme zittert, er redet wirr. Irgendwo hinter der Stadt Palanpur sei er. Sein Freund und er hätten blutende Wunden am Kopf und seine Schulter schmerze ihn. Aber alles sei nicht so schlimm, meint Nagender. Nur die Rikscha sei kaputt. Dann muss er auflegen, da der Rettungswagen kommt. Mit dem Handy in der Hand sitze ich auf dem Sofa, tausende Kilometer weit entfernt von meinem indischen Freund. Um mich herum ist es mucksmäuschenstill. Aber in mir tobt ein Sturm vor Sorge.

Nach dem Abbruch unserer Reise mussten Nagender und ich erst einmal unsere Enttäuschung verdauen. Nagender hat sich eine Auszeit genommen und ich habe meine Krankheit auskuriert und konzentriere mich seitdem so gut es geht aufs Mutterwerden. Irgendwann hat Nagender beschlossen, noch einmal ohne mich mit der Rikscha nach Gujarat aufzubrechen. »Die Weiße Wüste reizt mich und gerade ist die beste Reisezeit«, eröffnete er mir am

Während mein Baby in Deutschland auf die Welt kommt, genießt Nagender diesen Sonnenuntergang in Mandvi, am Golf von Kachchh (linke Seite).

Telefon. Zuerst war ich neidisch. Aber Nagender versprach, mich mit Nachrichten, Handyfotos und per Telefon auf dem Laufenden zu halten. Er überzeugte einen Freund davon, ihn auf der Reise zu begleiten. Seit zwei Tagen sind die beiden unterwegs und nun dieser Unfall.

Erst am Abend ruft Nagender noch einmal an und ich erfahre, was passiert ist. Gegen Mittag hatten er und sein Freund Himanshu die Stadt Palanpur erreicht. Als sie nach einer Kaffeepause wieder auf den Highway fuhren, wollte Himanshu das Lenken der Rikscha übernehmen. Ein offensichtlich nicht so leichtes Unterfangen, denn schon nach den ersten Metern verlor Himanshu die Kontrolle über die Rikscha, gab Gas anstatt zu bremsen und verriss den Lenker. Zum Glück sei zu diesem Zeitpunkt kein weiterer Verkehrsteilnehmer auf dem Highway gewesen, sagt Nagender. In wilder Fahrt kreuzten sie die Fahrbahn, krachten in die Mittelleitplanke und flogen in ein dichtes Dornengestrüpp. Himanshu sei bewusstlos gewesen, sagt Nagender. In Panik habe er ihn geohrfeigt und sogar Wiederbelebungsversuche gestartet. »Ich war so froh, als er plötzlich hustete und zu sich kam.« Einige Bewohner eines naheliegenden Dorfes hatten den Unfall beobachtet und kamen herbeigeeilt. Sie halfen Nagender, die Rikscha zur Seite zu schaffen, riefen einen Krankenwagen und holten Wasser für die Verletzten.

Als der Rettungswagen eintraf, wollte Nagender erst nicht mit ins Krankenhaus fahren. »Ich konnte doch die Rikscha nicht einfach zurücklassen«, sagt er. Also ließ er seine Platzwunde an der Stirn verarzten und blieb am Highway zurück, während Himanshu zur Kontrolle ins Hospital gefahren wurde. Die Dorfbewohner kümmerten sich liebevoll um Nagender. Sie nahmen ihn und die Rikscha mit in den Ort zu einem Schweißer. Alle halfen, unseren Blauen Blitz zu reparieren. Noch vor Einbruch der Dunkelheit war er wieder einsatzbereit. »Ich bin so erleichtert, Chrissi! Die Menschen hier sind einfach unglaublich toll«, sagt Nagender. Der Schweißer habe ihn und Himanshu eingeladen, in seinem Haus zu übernachten und mit seiner Familie zu Abend zu essen. »Und für seine Arbeit will er keinen Cent annehmen! Das ist Indien«, sagt Nagender.

»Nagi, vielleicht fahrt ihr besser in einem Auto weiter«, sage ich vorsichtig ins Telefon. Doch davon will er nichts wissen. »Ich werde es mit der Rikscha in die Weiße Wüste schaffen«, entgegnet er trotzig. »Mach dir keine Sorgen! Uns geht es gut. Morgen früh setzen wir unsere Reise fort.«

In den folgenden Tagen erleben Nagender und ich weit voneinander entfernt jeder für sich seinen ganz besonderen Moment des Glücks. Und ich wage an dieser Stelle zu behaupten, dass uns Menschen nichts auf der Welt so zu entzücken vermag wie die Natur und der Anblick ihrer Schönheit. Es gibt Momente, in denen wir beim Anblick der Natur ehrfürchtig ihre Größe erkennen und ihre Perfektion bestaunen.

Nagenders Moment, März 2016 – Gujarat, Indien

Die Sonne geht bereits unter, als die Straße endet. Der Lehmboden verschwindet plötzlich unter einer weißen Kruste. Nagender hebt den Blick. Vor ihm erstreckt sich ein flaches, vollkommen weißes Land. Es reicht an allen Seiten bis zum Horizont. Fast sieht es so aus, als bedecke hier ein unendlich großes reinweißes Laken die Erde. Nagender schaut in die Salzwüste Indiens, die Rann von Kachchh. Er stellt den Motor der Rikscha ab, verweilt einen Moment auf ihrem Sitz und blickt ins Weiß. Er kann kaum erkennen, wo die Erde aufhört und der Himmel beginnt, es scheint alles ineinander zu fließen. Zwei Anläufe, über 2000 Kilometer Strecke und einen Unfall hat es ihn gekostet, um hier am Rand der Salzwüste anzukommen. Es hat sich gelohnt, denkt er.

Die Luft ist dreißig Grad warm und trocken. Es herrscht vollkommene Stille, nur ein leichter Wind weht um Nagenders Ohren. Er steigt ab und betritt die Salzkruste. Sie bricht und knistert unter seinen Füßen. Es fühlt sich an, als trete er auf trockenes Laub. Nagender geht hinein ins unendliche Weiß. Auf dem Boden hat das Salz Wellen gezeichnet, der Wind hat es zu kleinen, harten Salzhaufen getürmt. Nagender entdeckt erstarrte Insekten auf der Oberfläche. Die Salzwüste hat ihnen das Leben ausgesaugt. Die untergehende Sonne macht die Strukturen des Salzbodens sichtbar, Nagender nimmt seine Kamera. »Ich war sehr nervös«, erzählt er später. »Ich hatte keine Ahnung, wie ich diese Schönheit, dieses unendlich flache, weiße Land, einfangen sollte.«

Stunden verbringt Nagender an diesem Abend und auch an den folgenden Tagen auf der Salzkruste, um sie zu dokumentieren. Er fotografiert Touristen, die sich auf geschmückten Pferden vor dem weißen Land ablichten lassen, und er stapft hinein, einen, vielleicht zwei Kilometer weit ins Innere der Wüste, bis er keine Menschenseele mehr sieht. Unter der Kruste tritt immer wieder Wasser hervor. Einst war dieser Boden Meeresgrund. Verdunstet das Wasser an Schuhen und Hose, bleibt das Salz zurück.

Noch nie hat Nagender eine Landschaft gesehen, die so lebensfeindlich ist und doch so anziehend auf ihn wirkt. Die Rann von Kachchh ist eine bizarre Schönheit, ein Wunder der Natur.

Christinas Moment, März 2016 – Bad Soden, Deutschland

Es ist früh am Morgen, Tageslicht dringt in den Kreißsaal, im Radio läuft »I don't wanna miss a thing« von Aerosmith. Ich liege auf dem Rücken und bin hellwach. Es geht mir gut. Neben mir steht mein Freund Thilo. Er ist gerührt, ich sehe Tränen in seinen Augen. Am anderen Ende des Bettes sind Hebamme und Ärztin mit dem kleinen Wesen beschäftigt, das gerade auf die Welt gekommen ist. »So ist das also«, denke ich und bin glücklich. Dieser Moment dauert nur wenige Sekunden vom Ende der Geburt bis zu dem Augenblick, an dem ich mein Baby zum ersten Mal sehen darf. Die plötzliche Ruhe nach dem Sturm, der Beginn unseres neuen Lebens. Die Hebamme legt mir unser Baby auf die Brust. Ein winzig kleiner, nackter Junge. Mein Junge. Ich sehe ihn an, sehe seine offenen Augen, seine Nase, Mund und Ohren. Ich berühre seine Finger, seine Füße und Zehen. Es ist tatsächlich so, wie alle sagen. Dieser magische erste Moment, wenn dein Baby geboren ist. Wir sind glücklich, überwältigt und verliebt. Dieser kleine Mensch, so perfekt, ein Wunder der Natur.

Nur wenige Wochen im Jahr liegt die Rann von Kachchh unter einer Salzkruste. Wenn das Wasser des Monsuns wieder verschwindet, zieht es das Salz aus dem Boden an die Oberfläche (rechte Seite).

citi mart
BUY FOR RS. 1000/-
GET ASSURED GIFT
ON SPOT
NEW MARKET-CHOWRINGHEE-GARIAHAT-HATIBAGAN-LAKE MALL-SILIGURI
KOLKATA POLICE
₹290

Englands finsteres Erbe

Kolkata, Westbengalen

Die Nachricht von Kanikas Hochzeit kommt an einem regnerischen Samstagmorgen. Nagender ist für die Taufe meines Sohnes zu Gast in Liederbach. Wir haben gerade gefrühstückt und sitzen noch am Tisch, als sein Handy klingelt. Ein Videoanruf. Auf dem Display erscheint sein Cousin Vikas. Die ersten Worte wechseln die beiden auf Hindi, dann hält Nagender mir das Handy vor die Nase. Ich sehe, dass Vikas bei Kanika zu Hause ist, dahinter jede Menge Leute. »Kanika wird verheiratet, es wurde soeben abgemacht«, sagt Nagender. Ich erschrecke. »Sie haben einen Mann für sie gefunden?«, frage ich. »Ja, und sie wird ihn bald heiraten«, sagt Nagender.

Obwohl ich wusste, dass dieser Moment kommen würde, und obwohl Nagender und ich diese Reise unternommen haben, damit ich begreife, wie es mit der Liebe in diesem Land läuft, schnürt sich mir die Kehle zu. »Kann ich mit ihr reden?«, frage ich Vikas. Kanika trägt ein Kopftuch, hält den Kopf gesenkt, die Arme dicht am Körper. Sie sieht aus wie eine Gefangene, wie ein Gegenstand, der soeben den Besitzer gewechselt hat. Schüchtern schaut sie in die Handykamera. Ich möchte sie am liebsten durch das Display ziehen, bloß raus da! Neben ihr sitzt ihr Mann. Ich bin jetzt schon wütend auf ihn. Finde ihn nicht akzeptabel, nicht schön genug, nicht intelligent genug für meine bezaubernde Freundin. Die Verbindung bricht ab, ich starre auf ein schwarzes Display. »Was ist los, Chrissi?«, fragt Nagender. Und ich heule ihm meine Sorgen vor. Es sind dieselben, die ich schon vor unserer Reise hatte. »Was ist, wenn sie ihn nicht lieben kann? Sie sah so unfrei aus.« »Aber sie möchte es so, du weißt es. Für Kanika beginnt jetzt eine spannende Zeit«, erklärt Nagender.

Vikas schickt Bilder: Der junge Mann an Kanikas Seite heißt Ajay. So schlecht sieht er gar nicht aus, relativ groß und genauso

---

Der Einfluss der Kolonialherren prägt immer noch das Stadtbild von Kolkata. Neben der viktorianischen Architektur fluten gelbe Ambassadeure als Taxis die Straßen (linke Seite).

schüchtern wie Kanika. Auch für ihn muss die Situation beängstigend und aufregend sein. Er hat gerade seine Ehefrau kennengelernt. Auf einmal erscheint er mir nicht mehr ganz so ungenügend.
»Wir sollten unsere Reise bald fortsetzen. Ich möchte mehr über die Liebe in Indien erfahren«, sage ich zu Nagender.

Drei Monate später sitze ich am Terminal 1 des Frankfurter Flughafens und beobachte, wie Männer mit Turbanen und Frauen in bunten Saris vorm Gate drängeln. Wie die Körner in einer Sanduhr langsam durch die schmale Stelle rinnen, so schlüpfen die Wartenden einer nach dem anderen durch die Schranke.

Dieses Mal fühlt es sich anders an zu verreisen. Ich bin jetzt Mama. Seit seiner Geburt vor sechs Monaten waren mein Sohn und ich kaum einen Tag getrennt. Während meiner Reise bleibt er bei seinem Papa und den Großeltern. Ich weiß, dass er bestens versorgt ist und dass es ihm gut geht. Trotzdem lastet der Abschiedsschmerz auf mir. Als der A380 zur Startbahn rollt, verdrücke ich eine Träne. Die Inderin neben mir tätschelt meine Hand. »Es wird alles gut«, sagt sie. Ihre Herzenswärme tröstet mich und endlich regt sich ein wenig Vorfreude in mir. Ich denke an Kanika. Sie und Ajay werden in Delhi heiraten. Das wollen wir nicht verpassen, deshalb haben Nagender und ich geplant, im Osten Indiens, in Kolkata, zu starten. Von dort aus wollen wir quer durchs Land bis nach Delhi fahren, um rechtzeitig zur Hochzeit da zu sein. Mit einem Grollen starten die Turbinen, der Flieger beschleunigt, ich schließe die Augen, wir heben ab.

Am ersten Tag nach meiner Ankunft in Kolkata brechen wir frühmorgens auf, um das Victoria Memorial zu besuchen. Pechschwarz, in Metall gegossen thront Queen Victoria vor dem Palast aus weißem Marmor. Das Victoria Memorial ist eine der berühmtesten Sehenswürdigkeiten in Kolkata. Die britische Königin wurde 1877 Kaiserin von Indien. Die Briten erhoben damals die Stadt am Fluss Hugli zur Hauptstadt ihres Kolonialreichs und nannten sie Kalkutta. Seit der Unabhängigkeit von Großbritannien 1947 versucht Indien, das Trauma der britischen Herrschaft abzustreifen. Kalkutta erhielt seinen ursprünglichen Namen zurück, so wie viele andere indische Städte auch.

Es ist warm, der Himmel wolkenfrei. Wir bezahlen zehn Rupien Eintritt und erleben einen herrlichen Sonnenaufgang im großen Palastgarten. Im Laufschritt eilen Städter in Turnschuhen, Shorts und Funktionsshirts über die Kieswege.

Wir machen uns auf den Weg zu Durbar, einer Organisation, die sich um die Belange der Prostituierten in Kolkata kümmert. Auch das ein Vermächtnis der Zeit Kaiserin Victorias: eines der größten Rotlichtviertel der Welt. »Zuerst war Sonagachi ein Quartier für traditionellen Tanz. Daraus wurde ein Sex-Vergnügungsviertel, die britische Armee hatte ihre Ansprüche«, erklärt Dr. Smarajit Jana, einer der Leiter und Initiatoren von Durbar. Rund 12 000 Prostituierte arbeiten in Sonagachi, 8000 von ihnen wohnen dort. Wir wollen sehen, wie die Frauen leben, ihre Geschichten hören, erfahren, wie Prostitution in Indien funktioniert. Dr. Jana will uns dabei helfen.

Bis dahin bleibt Zeit, Kolkata zu erkunden. Das beliebteste Fortbewegungsmittel ist hier der Bus. Überall kurven die bunten, uralten Busse herum. Einsteigen kann man während der Fahrt, das Ticket kostet sechs Rupien. Auch die gelben Taxis prägen das Stadtbild, ein weiteres Andenken an die Briten.

Kolkata liegt am Hugli. Der Fluss trennt den Hauptbahnhof, Howrah-Station, vom Stadtzentrum. Die Howrah-Brücke verbindet beide Stadtteile, ein Koloss aus Stahl, dessen Träger in den Himmel ragen. Tagsüber ist sie silberleuchtende Ingenieurskunst, nachts wird sie festlich angestrahlt. An ihrer östlichen Seite befindet sich ein Blumenmarkt. Millionen Tagetes werden hier zu Kränzen und Ketten geflochten und als Opfergabe für die Hindu-Götterschar verkauft. Unweit davon, am Ufer des Hugli, stehen kleine Tempel, mit Blumen geschmückt. Oder die Blüten werden samt brennender Kerze in Pappschiffchen aufs Wasser gesetzt. Indiens Flüsse sind heilig, ihr Wasser wird wie Medizin getrunken. Auch in den Hugli tauchen Menschen ein. Die einen baden für gutes Karma, die anderen, weil sie kein Badezimmer haben.

In einer indischen Großstadt wie Kolkata ist jeder Winkel bewohnt. Ich staune über die Fähigkeit der Menschen ohne Obdach, einem Quadratmeter schmutzigem Stadtboden etwas Heimeligkeit einzuhauchen. Einer hat auf einer Treppenstufe zwei Decken auf einem Pappkarton ausgebreitet. Mithilfe eines Stöckchens und eines abgebrochenen Plastikrohrs spannt er ein Moskitonetz über seinen Schlafplatz. Im Stadtteil New Market, dem alten Einkaufszentrum Kolkatas, reihen sich hunderte Marktstände aneinander. Es gibt eine Untergrund-Mall, Restaurants und Imbisse.

Hier findet man bis heute die sogenannten Rikscha-Puller. Zu Fuß ziehen die drahtigen Männer ihre beleibte Kundschaft auf einer

Der Blumenmarkt in Kolkata liegt nahe der Howrah-Brücke und ist quasi 24 Stunden geöffnet (oben). Die Verkäufer bewohnen provisorische Hütten und baden im anliegenden Hugli.

Kolkata ist die zweitgrößte Stadt Indiens. Etwa 4,5 Millionen Menschen leben hier und trotzen unter den verschiedensten Umständen dem Leben in der Großstadt.

Rikscha hinter sich her wie auf einer Sänfte mit Rädern. Zu Verabredung mit Dr. Jana nehmen wir den Bus. Das Büro von Durbar, der Hilfsorganisation für Prostituierte und deren Kinder, liegt an einer vierspurigen Straße. Dr. Jana hatte uns davor gewarnt, allein durch Sonagachi zu gehen. Es sei gefährlich wegen der Kunden und der Zuhälter. Wir warten in einem Büro. An den Wänden hängt eine Zeichnung, die erklärt, wie man ein Kondom benutzt. Zwei Frauen betreten den Raum. Nagender beginnt ein Gespräch mit der älteren, sie heißt Aadita. Ich stelle mich derweil der anderen Frau vor. Santona ist 30 Jahre alt, als Beruf geben beide *Sexworker* an. Die 39-jährige Aadita lebt und arbeitet seit 15 Jahren in Sonagachi, Santona seit zehn Jahren. Wir erfahren, dass die meisten Prostituierten selbstständig arbeiten. Ihre Hauptarbeitszeit reicht von 18 Uhr bis in die frühen Morgenstunden. Sex kostet zwischen sieben und 15 Euro, kuscheln und reden drei Euro und ein Blowjob fünf Euro. Ihre Kunden kämen aus allen Schichten, Geistliche, Richter, Geschäftsmänner, Angestellte. Als wir losgehen wollen, um das Viertel zu erkunden, nimmt mich Santona an der Hand. »*Come*«, sagt sie und lächelt.

Zusammen mit den Frauen stehen wir vor dem dichtbebauten Hochhausviertel. Dunkle Gassen führen in ein Quartier der Armut mit Ratten, Müll, Zeitungsfetzen, Männern und Frauen mit hängenden Gesichtern, zerschlissenen Schuhen und schmuddeliger Kleidung. Wir folgen den Frauen in die Dunkelheit. Santonas Schlappen klatschen auf dem Betonboden. Sie wiegt ihre Hüften, schaut den Männern, die uns entgegenkommen, direkt ins Gesicht. Im Inneren des Viertels gibt es Marktstände mit Gemüse und kleine Shops. Menschen jeden Alters wuseln durcheinander. Auf den ersten Blick wirkt es wie eine normale ärmliche Gegend. Doch auf den zweiten Blick sehe ich Frauen in Hauseingängen stehen und Männergruppen, die sie begaffen. Die Prostituierten tragen hier keine Hotpants oder Lederstiefel, sondern typisch indische Frauenkleider. Es ist ihre Körpersprache, die sie als Prostituierte entlarvt.

Santona und Aadita steuern einen Hauseingang an. Steile Treppen führen hinauf. »Hier wohnen wir nur. Zum Arbeiten gehen wir in andere Zimmer«, sagt Aadita. Wir betreten einen Raum, in den kaum Licht dringt, darin ein riesiges Bett. Die Frauen klettern auf das Bett und wir setzen uns dazu. Santona beginnt zu erzählen. Ihre achtjährige Tochter lebe bei der Großmutter auf dem Land. »Sie ist mein Ein und Alles. Ich tue das hier für sie. Damit sie in die

Schule gehen kann und irgendwann ein besseres Leben hat.« Ich frage Santona, warum sie ihre Tochter nicht zu sich holt. Dr. Jana hatte uns erzählt, dass viele Kinder in Sonagachi leben. »Damit sie in diesem schrecklichen Umfeld aufwächst? Niemals!«, sagt Santona. Der Vater ihrer Tochter sei gegangen, als sie schwanger war. »Ich habe ihn sehr geliebt. Doch er war bereits verheiratet. Er hat gesagt, er würde seine Frau für mich verlassen. Aber er hat es doch nie getan«, Santona macht eine abfällige Handbewegung. »Alles Lüge«, sagt sie laut und lacht. Die Männer kämen zu ihr, weil sie von ihrer Ehefrau nicht bekämen, was sie sich wünschten. »Mit mir können sie flirten und Liebe machen. Ich schenke ihnen eine gute Zeit.« Zu Hause sei oft kein Platz, zu viele Familienmitglieder. Oder die Männer trauten sich nicht, ihre Ehefrau nach Sex zu fragen. »Ich erfülle ihre Wünsche«, sagt Santona stolz. Ich frage sie, ob sie sich auch etwas wünscht. Sie überlegt einen Moment. »Wünscht sich nicht jeder Mensch, geliebt zu werden? Manchmal sind meine Kunden auch zärtlich zu mir. Hin und wieder wünschte ich mir, dass einer bleibt. Doch das ist vorbei.« Warum es vorbei sei, will ich wissen. »Kein Mann vertraut einer Frau, die Prostituierte ist. Selbst wenn ich aufhöre zu arbeiten, würde ich verdächtigt, wieder mit Männern Spaß haben zu wollen. Darauf verzichte ich«, sagt sie. Aadita bemerkt, dass es durchaus Männer gebe, die Prostituierte heiraten würden. Santona verzieht ihr Gesicht: »Um wieder sitzen gelassen zu werden? Solange ich hier bin, kommen die Männer zu mir.« Sie schüttelt ihre Lockenmähne. »Ich mache mich schön, trage Lippenstift und Kleider, die ich mir selbst aussuche. Mit dem Herzen liebe ich nur meine Tochter. Die Männer liebe ich mit meinem Körper.« Kontrolle und Selbstvertrauen bilden Santonas Schutzschild. »Ich gehöre niemandem, das mag ich. Hier bin ich frei«, sagt sie.

Die Nacht bricht an, Arbeitszeit für Santona und Aadita. Dr. Jana hatte Nagender empfohlen, Sonagachi vor Einbruch der Dunkelheit zum Schutz »der weißen Frau«, wie er mich nannte, zu verlassen. Doch die Neugier siegt. Wir überreden Santona und Aadita, uns mitzunehmen, damit wir etwas von der Atmosphäre der Rushhour in Sonagachi spüren. Die Frauen willigen ein. Dieses Mal nehmen sie mich in ihre Mitte. Ich stolpere im Keil zwischen meinen Beschützerinnen durch die Gassen, bemerke die Blicke der Männer. Nagender läuft mit der Kamera in der Hand hinter uns her. Auch ihm schauen sie nach. Manche Männer wirken auf mich wie hungrige Hyänen, bereit, sich auf ihre Beute zu stürzen. Plötzlich nehmen einige unsere Verfolgung auf. Die Schritte meiner Beschützerinnen werden schneller. Sie drängen mich in einen Hauseingang. Wir rennen viele Stufen hinauf, stürzen in ein Zimmer. Santona verriegelt die Tür. Dunkelheit. »Hier müssen wir blieben, wir haben Aufsehen erregt«, sagt Santona. Erst jetzt bemerke ich, dass die Kammer voller Menschen ist, es handelt sich um eine Art Arbeitsraum der *Sexworker.* »Keiner macht das Licht an«, mahnt Santona. Der Plan sei, darauf zu hoffen, dass die Verärgerten wieder abzögen. »Dann bringen wir euch aus dem Viertel«, sagt Santona. Schemenhaft treten Frauengesichter aus der Dunkelheit hervor. Es ist heiß und stickig. Das winzige Fenster überspannt ein Fliegengitter. »Ihr hättet sie nicht herbringen dürfen, das wird Ärger geben«, sagt eine der Frauen. Santona erklärt uns, dass die Mafia das Viertel kontrolliere: »Wir müssen Abgaben zahlen und sind immer bemüht, sie freundlich zu stimmen. Sonst schlagen sie uns oder fordern mehr Geld. Sie erlauben nicht, dass Fremde kommen, schon gar nicht mit Kameras. Wenn sie uns erwischen, wäre das gefährlich.« »Was passiert dann?«, frage ich. »Sie verprügeln euch und uns. Vielleicht geschieht Schlimmeres.« Ich erfahre, dass die brutale Mafia das größte Problem der Frauen sei, sie verlangten Sex ohne Kondom und wollten nicht bezahlen. »Kann euch die Polizei nicht helfen?«, frage ich. »Nein. Prostitution ist nicht legal. Vergewaltigungen können wir nicht anzeigen. Zusammen mit Durbar kämpfen wir schon lange dafür, dass Prostitution nicht mehr kriminalisiert wird.«

Vor Angst und Luftnot wird mir schwindelig. Santona bringt mich zu dem kleinen Fenster und ich atme tief ein. Durch das Fliegengitter schaue ich auf Sonagachi. Das einstige Vergnügungsviertel der Armee liegt unter einer gigantischen Decke aus rostigem Wellblech. Es birgt Armut, Gewalt und Sex. Keine Spur von Freiheit.

Einige Stunden später erreichen wir den Rand von Sonagachi. Zum Abschied umarme ich Aadita und Santona. Wir fühlen uns wie durchgekaut und wieder ausgespuckt; unsere Gesichter hängen.

Ihr Aussehen ist ihr Kapital und Schutzschild zugleich. Die Prostituierte Santona schminkt sich die Lippen, bevor sie auf die Straße geht (oben). Die Recherche im Rotlichtviertel Sonagachi war für uns haarsträubend und erschreckend (unten).

Keine Muse im Paradies

Sundarbans, Westbengalen

Die Räder unserer blauen Rikscha rollen wieder. Wir lassen Kolkata hinter uns. Während ich meinen Gedanken an Sonagachi nachhänge, verändert sich die Landschaft: Hier ist es nicht staubig und karg wie im wüsten Westen, hier erstrecken sich saftig grüne Reisfelder. Die Landstraße ist gesäumt von Bananenstauden, Palmen und hohen Bäumen. Die feucht-heiße Luft vermag nicht einmal der Fahrtwind zu kühlen. Wir sind auf dem Weg ins größte Flussdelta der Welt, die Sundarbans. Einige Kilometer südlich von Kolkata mündet der Ganges in den Golf von Bengalen. Doch nicht nur der heilige Fluss Indiens vereint sich mit dem Ozean, auch andere Ströme wie der Brahmaputra und der Hugli verzweigen sich hier zu unzähligen Wasseradern. Zwischen ihnen liegen die 102 Inseln der Sundarbans. Hier befindet sich das weltgrößte Mangrovenschutzgebiet, seit 1987 UNESCO-Weltnaturerbe. Es liegt zu einem Drittel auf indischem Staatsgebiet, der Rest gehört zu Bangladesch. Im Dickicht der Mangroven lebt die größte Königstigerpopulation der Erde. 86 Tiger sind 2016 im indischen Teil der Sundarbans in eine Kamerafalle getappt.

Wir sind auf dem Weg zu Nagenders Freund Rajat, einem Künstler, der mit seiner Familie im Flussdelta lebt. Sie haben sich bei einem Fotokurs in Delhi kennengelernt.

Rajat wartet am Bootsanleger auf uns. Er ist klein, hat sehr dunkle Haut und ein freundliches Lächeln. Sein Händedruck ist nicht vorhanden, seine Stimme kaum zu vernehmen. Wenn er nickt, sieht es aus, als ob er sich verbeugt. Er trägt ein rosafarbenes Hemd und einen Schirm in der Hand. »Zum Schutz vor Sonne und Regen«, sagt Rajat. »Im Delta kann das Wetter in Minuten umschlagen und die Regenschauer sind heftig.« Als er unsere Rikscha sieht, schüttelt er den Kopf. »Die kann nicht mit aufs Boot«, sagt er, greift zum Handy und organisiert einen Unterstand.

Erstmals seit Jahrzehnten scheint die Gesamtpopulation der Tiger in Indien wieder zu wachsen (linke Seite). Laut »Hindustan Times« wurden 2010 1706 Tiere gezählt. Die Zahl der Tiger soll im Jahr 2018 auf über 3000 steigen.

Der Wind bewegt das Wasser des Deltas. Am Himmel ziehen Regenwolken auf. Rajat zeigt auf den grünen Streifen am Horizont. »Dort liegt Gosaba, da wohne ich.« Mit etwa 25 anderen Passagieren steigen wir auf eines der flachen, hölzernen Motorboote. Die Überfahrt kostet zwei Rupien, umgerechnet etwa zwei Cent. Nagender ist fassungslos. »Ich hätte nie gedacht, dass es in Indien noch etwas für zwei Rupien gibt«, sagt er. Langsam fahren wir einen Anleger nach dem nächsten an. Von den 102 Inseln des Deltas sind 54 besiedelt, auf den anderen wächst ausschließlich Mangrovenwald. In der kleinen Stadt auf der Insel Gosaba fließt der Verkehr gemächlich. Es gibt nur wenige Motorräder und Elektrorikschas, die meisten Inselbewohner nehmen das Fahrrad. Weil Rajat keine Zeit hat, uns zu begleiten, fährt uns eine Elektrorikscha an den Rand der Mangroven.

Wir wollen uns im Dschungel von Gosaba auf die Spur des Bengal-Tigers machen. Der Weg führt über eine holprige Straße. Die Menschen wohnen in strohgedeckten Hütten aus Lehm, die dicke Bambusstämme abstützen. Zu jeder Hütte gehört ein Teich. Das Wasser des Deltas ist salzig, und da es keine künstliche Wasserversorgung gibt, sammeln die Einheimischen darin Regenwasser. Die Teiche decken den Wasserbedarf und dienen der Fischzucht.

Auf der Rückbank des Taxis werden wir ordentlich durchgeschüttelt, die Straße wird immer unwegsamer. Wir haben größte Mühe, uns auf den Sitzen zu halten. Schließlich bitten wir den Fahrer, uns abzusetzen. Wir schultern das Gepäck und gehen zu Fuß weiter. Die Wege sind mit einer weichen Sandschicht bedeckt, rechts und links wuchert die Vegetation, aus der ein tropisches Vogelkonzert ertönt. Hier und da blökt eine Ziege oder eine gemächlich kauende Kuh steht im Weg. Sonst ist es völlig ruhig. Wir schauen einer alten Frau zu, wie sie mit einem Netz im Hausteich fischt. Sie ist neugierig und wir dürfen in ihr Haus eintreten und fotografieren. Ihre Enkel führen uns auf einen Deich. Sie zeigen auf das Wasser und das gegenüberliegende Ufer. »Tiger«, sagt einer.

Dort beginnt also das Mangrovenschutzgebiet der wilden Tiger. Ihre Anwesenheit verleiht der Gegend etwas Mystisches. Und obwohl kaum ein Tourist die scheuen Jäger zu Gesicht bekommt, kann jeder Dorfbewohner die Geschichte einer Begegnung mit der Wildkatze erzählen. So wie Prakash. Wir treffen ihn bei unserem Spaziergang über den Deich. Er erzählt uns, dass er auf Gosaba lebt und ein Boot besitzt. Damit fährt er Touristen durch das natürliche Kanalsystem des Deltas und macht damit, so sagt er, *good money*. Tiger habe er auf seinen Touren schon oft gesehen, aber einmal begegnete ihm ein Tier sogar im Dorf: »Ich war gerade bei der Schule, als ich ihn sah. Ich habe mich im Klassenraum versteckt und zugesehen, wie der Tiger eine Kuh riss. Der Schuldirektor rief die Ranger. Als der Ranger den Tiger betäuben wollte, hat das Tier gebrüllt. Vor Schreck hat sich der Ranger selbst angeschossen und ist betäubt umgefallen. Wir dachten, jetzt wird er gefressen. Aber der Tiger war satt und nicht an ihm interessiert. Ein anderer Ranger kam und konnte ihn betäuben.« Nagender und ich hören gespannt zu. Ob Prakashs Geschichte wirklich wahr ist oder nur verkaufsfördernd für seine Tour sein soll, ist uns egal. Wir verabreden uns für eine Safari mit ihm. Einziger Haken sei, so Prakash, dass wir einen Ranger aus dem Tiger-Reservat mitnehmen und bezahlen müssten, das sei Vorschrift.

Im Morgengrauen stehen Nagender und ich vor Prakashs Boot. »Chef schläft noch«, lässt uns ein Bootsjunge wissen. Geschlagene zwei Stunden warten wir, bis der Kapitän auf dem Steg erscheint. Prakash strahlt in unsere missmutigen Mienen. Den Sonnenaufgang haben wir verpasst und zu allem Überfluss ziehen dicke Wolken auf, Gift für unsere Fotos. Prakash lässt sich davon nicht beirren. Wir steigen auf seinen Touristen-Kahn und holen am anderen Ufer den Ranger ab. Die Mangroveninseln sind nicht bewohnt, doch auf einer liegt die Station des Sajnekhali-Tiger-Reservats. Der Ranger ist ein freundlicher Mann. Innerhalb von einer halben Stunde betet er all sein Wissen über Tiger und das Delta herunter. Etwa 84 verschiedene Mangrovenarten gibt es hier. In den Wäldern leben Wildschweine, Rotwild, Stachelschweine, Ottern, Affen, Krokodile, Meeresschildkröten, Schlangen, Eidechsen sowie etwa 170 Vogel- und rund 60 Fischarten. Ein reiches Nahrungsangebot für die Wildkatze, sollte man denken. Und trotzdem, so erzählt der Ranger, fallen jedes Jahr 40 bis 50 Menschen dem Raubtier zum Opfer. »Es erwischt meistens Honigsammler und Fischer, die sich ins Dickicht der Mangroven wagen«, sagt der Ranger. Da die Tiere gute Schwimmer sind, kommt es auch vor, dass ein Tiger auf eine besiedelte Insel gelangt. Kein Wunder, denken Nagender und ich. Die müssen Tigern wie ein Fastfood-Laden erscheinen, bei den vielen angebundenen Ziegen und Kühen.

Eine Großmutter fischt im hauseigenen Teich für das abendliche Fischcurry (oben).

Die Fischer gehen im Flussdelta ein hohes Risiko ein. Mit ihren schmalen Booten (oben) befahren sie die Wassergassen zwischen den Mangroven (unten). In kleinen Tempeln beten die Fischer vor Arbeitsbeginn zur Göttin Durga, dass sie keinem Tiger begegnen (Mitte).

Zu beiden Seiten türmt sich das undurchdringliche Grün der Mangroven. Kaum drei Meter kann man in den Dschungel hineinsehen. Aus dem Sand am Ufer recken sie ihre Wurzelspitzen in die Höhe, als wüchsen sie verkehrtherum. Es öffnen sich immer neue Kanäle wie Wassergassen zwischen endlosen Buschufern. Über uns drehen weiße und graue Wolken Pirouetten, dann grollt ein Donner und der Himmel lässt eine Sintflut los. Zum Glück hat Prakashs Boot ein Dach. Ein großes Krokodil flieht vor dem Motorengeknatter und taucht ab. Von Tigern keine Spur.

Als wir von unserer Safari zurückkehren, wartet Rajat am Stadtrand auf uns. Für den Weg zu ihm nach Hause hat er ein Dreirad samt Fahrer organisiert. Im Schneckentempo geht es durch die Gassen des Städtchens. Es gibt viele kleine Läden und Souvenir-Shops. »Der Tiger zieht tausende Touristen nach Gosaba«, sagt Rajat. Wir kommen an der Dorfschule vorbei. Hier gibt Rajat Malkurse für Kinder.

Wie üppig in dieser Gegend das Grün gedeiht! Ich muss immer wieder an Indiens Westen denken, wo alles zu verdorren und zu verhungern scheint vor Trockenheit und Salz. Hier im Osten explodiert die Natur, beschert den Einheimischen volle Mägen und pralle Haut. Auch Rajats Haus liegt mitten im Grünen, versteckt hinter Palmen. Vor dem Eingang wächst ein Bananenbaum. »Zwei Mal im Jahr können wir ernten«, sagt Rajat. Er lebt mit seiner Frau und dem achtjährigen Sohn im Haus seiner Schwiegereltern. Das ist ungewöhnlich, zieht doch sonst in Indien immer die Frau zur Familie des Mannes. »Meine Frau wollte lieber bei ihren Eltern wohnen«, sagt Rajat. Nagender und ich sehen uns verwundert an. Doch wir möchten unseren schüchternen Gastgeber nicht gleich mit Fragen löchern.

Sein Schwiegervater kommt auf uns zu und breitet die Arme aus. »Willkommen in meinem Haus«, sagt er feierlich. Die Frauen haben gekocht, es duftet nach Kokos und Fisch. Wir nehmen auf Kissen am Boden Platz und jeder bekommt einen Blechteller. Wir essen mit den Fingern, Premiere für mich. Fischcurry, pikant mariniertes Obst, Gemüse und Reis dampfen in den Schalen. »Alles Gerichte, die typisch sind für diese Region«, erklärt Rajat stolz. Ich werde nervös. Das Fischcurry ist flüssig. Einfach bei den anderen abgucken, wie es geht, denke ich. Rajats Sohn formt mit den Fingern ein getränktes Reisbällchen auf dem Teller und schiebt es sich in den Mund. Ich versuche, es ihm nachzumachen. Doch mein

Bällchen zerfällt kurz vor seinem extra weit geöffneten Ziel. Ich ignoriere die Blicke und tue beschäftigt. Das Meiste von meinen Curry-Reis-Häufchen klebt in meinem Gesicht oder verziert mein T-Shirt. Trotzdem lehne ich das Angebot ab, mit dem Löffel weiter zu essen. Lieber drehe ich das nächste Bällchen. Nach dem Essen stellt Rajats Frau jedem ein Schälchen mit Wasser und Zitrone hin. Ich bin die einzige, die keines bekommt. Ich darf stattdessen ins Badezimmer gehen, um mich zu waschen. Nagender freut sich.

Am Abend sitzen wir mit Rajat in seinem Atelier im oberen Stockwerk. Hier zeichnet und malt er. Er erzählt uns, dass er als junger Mann nach Delhi ging, um als freier Künstler zu arbeiten. Galerien haben seine Werke ausgestellt, in Kunstmagazinen erschienen Artikel über ihn. Auf unsere Bitte hin holt er eine Mappe und zieht ein Gemälde nach dem anderen hervor. Von den besonders großen zeigt er Polaroids. Seine außergewöhnlichen und auffallend aufreizenden Bilder stellen ineinander verschlungene Körper dar. Pflanzen, Tiere, Frauen werden zu abstrakten Formen und umgarnen sich zärtlich. Die Farben sind nicht grell, nicht blass, aber kraftvoll. Wir sind fasziniert. Seine Gemälde sehen aus, als entsprängen sie einem erotischen Traum. »Es ist die Erotik der Natur, die mich inspiriert«, sagt Rajat. Nagender schwärmt: »Ich wusste gar nicht, dass du derart viel Talent hast«, sagt er. »Ich hatte es«, sagt Rajat und senkt seinen Blick. Verwirrt sehen wir ihn an. »Ich kann es nicht mehr so wie früher«, sagt Rajat. Wir wollen ihm nicht glauben. »Dann seht selbst«, sagt er und holt weitere Bilder: »Diese habe ich in den vergangenen Monaten gemacht.« Was er uns zeigt, sieht aus, als habe es ein Kind gemalt. Eine Eule mit schwarzen Umrissen vor grellem Gelb. Nicht schlecht vielleicht, aber kein Vergleich zu seinen Paradiesbildern. Er zeigt Aquarelle mit fliegenden Vögeln vor blauem Himmel, an Langeweile kaum zu übertreffen. »Was ist passiert?«, fragt Nagender.

»Ich glaube, es ist meine Ehe«, sagt Rajat und holt tief Luft. »Ich wollte nicht heiraten, ich war glücklich in Delhi, mir fehlte es an nichts. Doch meine Eltern konnten mein freizügiges Leben als Künstler nicht akzeptieren. Sie suchten eine Frau für mich und zwangen mich, sie zu heiraten.« »Warum hast du dich nicht gewehrt?«, frage ich ihn. »Ich bin nicht der Typ, der sich querstellt. Außerdem wollte ich meine Eltern stolz machen. Ich habe gehofft, dass ich mich in die Frau verliebe, die sie aussuchen, und dass ich aus dieser Liebe Inspiration schöpfen kann. Ich habe mir gewünscht, dass sie mich als Künstler unterstützt und meine Arbeit schätzt.« »Aber deine Hoffnungen wurden enttäuscht?«, fragt Nagender. »Oh ja. Meine Frau ist sehr dominant. Sie hat keinen Sinn für Kunst oder meine Malerei. Es wäre ihr lieber, wenn ich einen anderen Beruf hätte. Sie wollte nicht mit mir nach Delhi, aber wir haben es trotzdem versucht. Doch ich war nicht mehr so erfolgreich. Sie hat viel Druck ausgeübt, bis ich aufgegeben habe und mit ihr ins Haus ihrer Eltern gezogen bin.« Zum ersten Mal zieht ein Anflug von Zorn über Rajats weiches Gesicht: »Meine Frau und mein Schwiegervater machen sich lustig über meine Arbeit. Wie soll ich da etwas Gutes schaffen? Sie wollen, dass ich jemand anderes werde. Meine Frau engt meinen Geist ein. Ich bin außerdem verantwortlich für sie und meinen Sohn, muss Geld verdienen, kann nichts mehr wagen.« Rajat zeigt auf die Polaroids seiner großen Werke: »So etwas braucht einen freien Geist. Das Paradies allein reicht da nicht.« »Denkst du, wenn du eine Frau findest, die du liebst, würde deine Schaffenskraft zurückkehren?«, frage ich. »Oh ja«, antwortet Rajat, »nichts inspiriert den Menschen so wie die Liebe und nichts gibt uns so viel Kraft. Ich habe von einem Mann gehört, der aus Liebe zu seiner Frau nur mit einem Hammer einen Berg gespalten hat. Er muss irgendwo in der Nähe der Stadt Gaya leben. Es gibt sogar einen Film über ihn. Er kann euch sicher mehr über die Liebe erzählen als ich«, meint Rajat. »Diesen Mann sollten wir treffen«, sagt Nagender und sieht mich an. Ich nicke. Wir reden noch bis tief in die Nacht über Kunst, die Natur und die Liebe. Rajat blüht auf, es sprudelt geradezu aus ihm heraus.

Am nächsten Tag verlassen wir Rajats Haus. Wir wollen nach Bihar und den Mann finden, der aus Liebe einen Berg gespalten haben soll. Nagender bietet Rajat an, ihn in Delhi zu besuchen. »Du kannst bleiben, so lange du willst. Wir können uns Ausstellungen anschauen und über Kunst reden«, sagt Nagender. »Ich werde kommen«, antwortet Rajat mit fester Stimme zum Abschied.

Der Künstler Rajat zeigt uns Polaroids seiner größten Werke (rechte Seite). Inspiration dazu fand er in der Erotik und der Natur, sagt er.

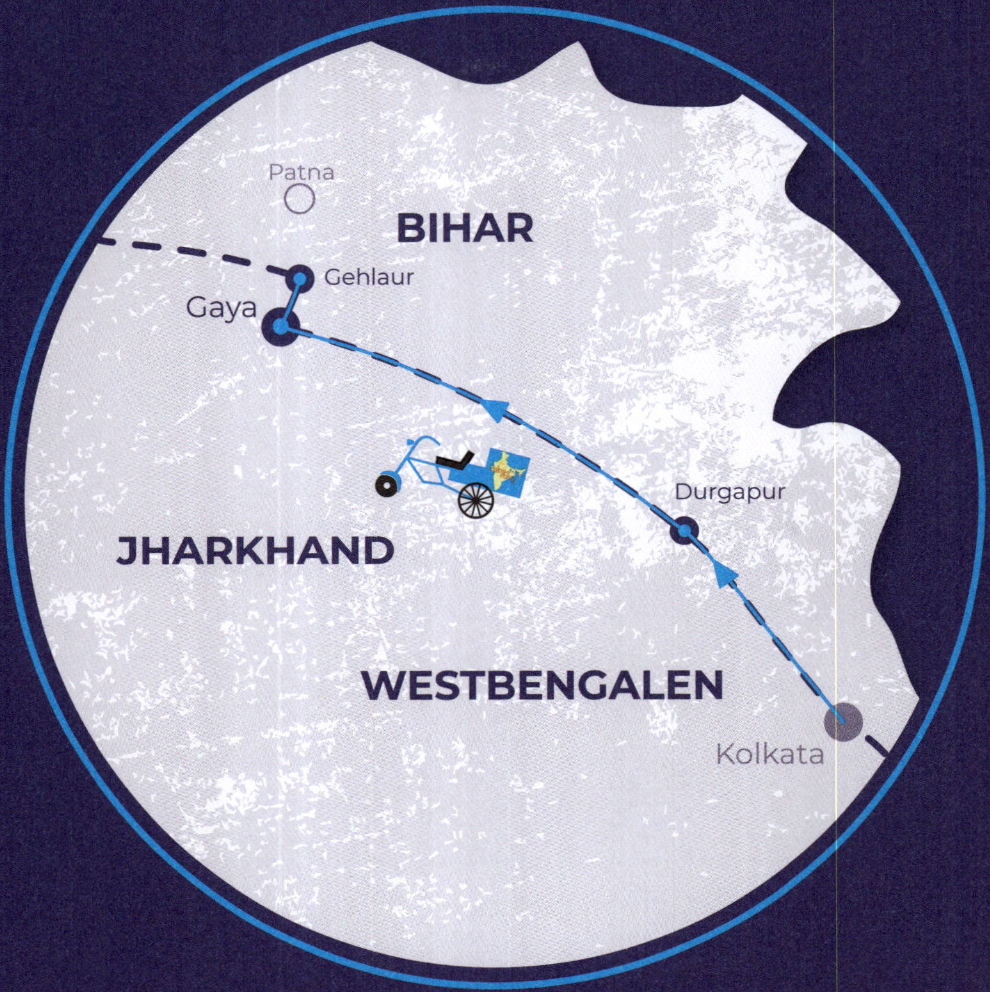
Patna
BIHAR
Gehlaur
Gaya
Durgapur
JHARKHAND
WESTBENGALEN
Kolkata

Bittersweet Bihar

Liebe kann Berge spalten

In Bihar, eine der ärmsten Gegenden Indiens, hören wir eine beeindruckende Liebesgeschichte. Sie beweist, dass wahre Liebe keinen Luxus braucht und dass sie dem, der sie in sich trägt, gewaltige Kraft verleiht.

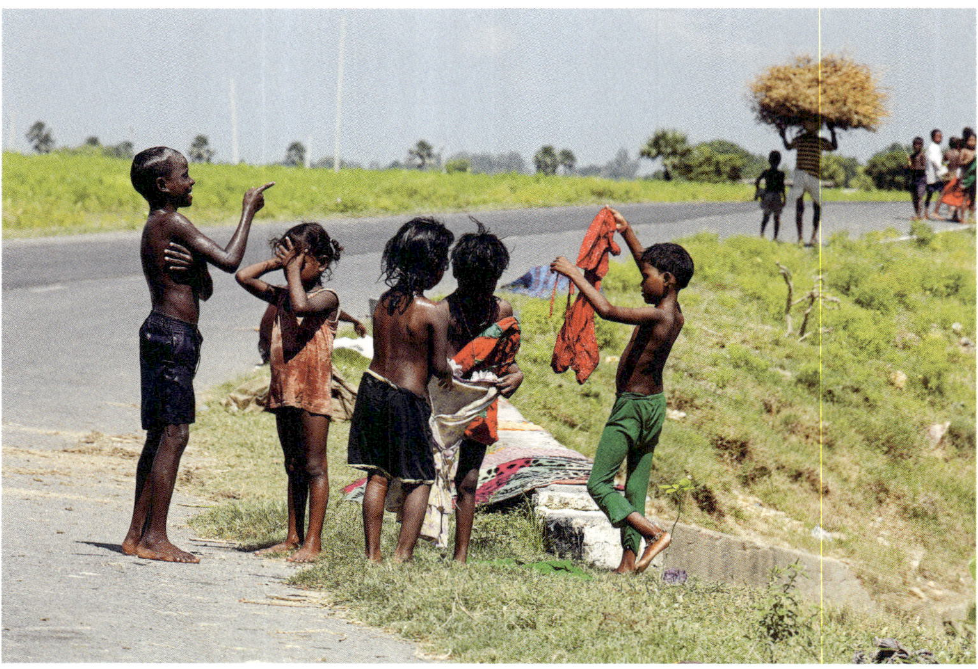

Wer in Bihar geboren wird, hat kaum eine Chance. Die Menschen leben mit mangelhafter Hygiene, Ernährung und Bildung. Schon allein die Sterblichkeitsrate bei Säuglingen ist extrem hoch (oben und unten).

Mountain Man

Gehlaur, Bihar

Unglaublich, was Rajat erzählt hat: Es soll einen Mann geben, der aus Liebe zu einer Frau einen Berg gespalten hat. Keine Frage, den wollen wir sprechen. Im Internet haben wir gelesen, dass seine Geschichte sogar in Bollywood verfilmt wurde. Nur wo er genau wohnt, haben wir nicht erfahren. Nagender ruft Bekannte und Verwandte an, die im Bundesstaat Bihar leben, und fragt sie über den *Mountain Man* aus. So erfährt er seinen richtigen Namen und dass Dashrat Manjhi auf dem Land in der Nähe der Stadt Gaya im Bundesstaat Bihar lebt.

Kurz nach dem Abschied von Rajat erreichen wir das Festland und holen unsere Rikscha aus ihrem Unterstand. Nagender freut sich darauf, wieder selbst zu fahren. Er liebt unseren Blauen Blitz, während ich auf Kriegsfuß mit dem Vehikel stehe. Wie oft war mein Hintern nach einer langen Fahrt schon wund gescheuert, wie oft sind wir nur haarscharf einem Unfall entkommen, wie viele Plattfüße mussten wir flicken? Immer wieder habe ich Nagender versucht, davon zu überzeugen, dieses Höllenteil in den Graben zu werfen. Nagender blieb jedoch eisern. Er schlug mir sogar einmal vor, den Zug zu nehmen. Er würde dann allein die Reise auf der Rikscha beenden. Das kam natürlich nicht in Frage. Und als wir an diesem Morgen aus dem Gebiet des Deltas hinausfahren, uns der Fahrtwind ins Gesicht weht und wir unterwegs sind zu einem neuen Abenteuer, bin ich sogar froh, dass unser Blauer Blitz nicht im Graben liegt.

Von den Sundarbans aus bis nach Gaya sind es fast 600 Kilometer – zu lang, um sie in einem Rutsch zurückzulegen. Am Tag schaffen wir höchstens 350 Kilometer. Unsere heutige Etappe führt uns über Kolkata bis nach Durgapur. Dort werden wir bei einem Freund von Nagender die Nacht verbringen.

Nach acht Stunden Fahrt erreichen wir die Industriestadt Durgapur. Ein grauer Schleier hängt vor der Sonne. Kilometerweit reihen sich Backsteintürme und Metallrohre aneinander und pusten schwarzen Rauch in den Himmel. Sie gehören zu Backsteinbrennereien und der Stahlindustrie, für die die Stadt bekannt ist. Langsam verteilen sich die schwarzen Wolken in der Luft und senken sich hinab auf Palmen, Häuser und den Highway. Der Qualm beißt in der Nase, wir pressen die Lippen zusammen. Der Ruß legt sich auf unsere Haut an Armen und im Gesicht. Als wir das Haus der Gastfamilie erreichen, sind wir schwarz vor Dreck von Kopf bis Fuß. Haresh Kumar Talreja, der Hausherr, begrüßt uns mit gerümpfter Nase. Er ist ein großer, beleibter Mann mit tiefer Stimme. Er bekleidet einen verantwortungsvollen Posten im öffentlichen Dienst der Stadt Durgapur und trägt auch zu Hause Anzug. Nachdem wir uns gewaschen haben, dürfen wir in einem der großen Wohnzimmer seines herrschaftlichen Hauses Platz nehmen. Hareshs Frau bedient uns mit Tee und Keksen. Als sie den Raum verlässt, holt Haresh grinsend eine Flasche Whisky unter dem Tisch hervor und schenkt uns ein. Wir erzählen ihm, dass wir als nächstes nach Bihar fahren werden, um den Mann zu suchen, der aus Liebe einen Berg gespalten hat. Haresh macht ein besorgtes Gesicht: »Seht euch vor, in Bihar sind die Menschen sehr arm. Es gibt viele Straßengangs. Das sind gefährliche junge Männer, drogenabhängig, aggressiv, ohne Perspektive. Auf eurer Rikscha seid ihr völlig ungeschützt.« Nagender nickt: »Wir werden nur sichere Straßen nehmen und Bihar so schnell wie möglich wieder verlassen.« Daraufhin hebt Haresh sein Whiskyglas: »Na dann, auf die Liebe!«, sagt er und die Gläser klirren.

Als wir uns im Morgengrauen verabschieden, warnt Haresh uns noch einmal eindringlich vor den kriminellen Banden. Mit einem mulmigen Gefühl starten wir in das Grau des jungen Tages. Ich schalte unser Rikscha-Radio ein, eine kleine Blue-Tooth-Box. Zu »Macarena« und »Radio Gaga« singen Nagender und ich so laut mit, bis sich unsere Sorgen verzogen haben. Bevor wir Bihar erreichen, müssen wir Jharkhand durchqueren. Die Schornsteine und Industriebauten verschwinden und flaches Land, gespickt mit Palmen, Bäumen und Büschen, erstreckt sich, so weit das Auge reicht. Bisher haben wir auf unseren Touren die modernen Rastplätze und Cafés am Rande der Highways genutzt, um Pausen einzulegen und uns zu stärken. Doch in Jharkhand gibt es keine Cafés und auch keine Rastplätze. Es gibt einfach nichts. Hunger quält uns und auch das Wasser geht zur Neige. Als wir an einem Obststand vorbeifahren, kauft Nagender kiloweise Bananen.

Kurz nachdem wir die Grenze nach Bihar überquert haben, sehen wir junge Männer, die mit nackten Oberkörpern mitten auf dem Highway stehen. Eine Straßengang. Einige von ihnen haben lange Stöcke in der Hand. Nagender fährt langsamer. Was wird jetzt passieren? Umkehren können wir nicht und den Highway verlassen auch nicht. Die Männer springen vor einem Lastwagen auf die Fahrbahn, schreien irgendetwas und schlagen mit ihren Stöcken auf die Fahrertür. Der Fahrer öffnet und ein Gangmitglied streckt ihm ein Messer entgegen. »Er wird ihnen Geld geben müssen«, sagt Nagender. Was genau passiert, können wir nicht sehen, doch die Bande lässt den Lastwagen schließlich weiterfahren. Dann entdecken sie uns. Sie johlen, rennen und springen vor uns über die Fahrbahn. Doch die Wilden lachen nur über unser Vehikel und wir können ungehindert an ihnen vorbeifahren. Nagender dreht am Gas, nur schnell weg von hier.

In Bihar strahlt das Grün der Landschaft mit dem Blau des Himmels um die Wette. Die Hügel am Horizont türmen sich zu Bergen. Ihre Kämme schlagen weiche, samtrote Wellen, aus denen sich ab und zu schroffe Felswände emporstrecken. Im flachen Wasser der Bäche glitzern die Sonnenstrahlen. Auf einer schmalen Straße fahren wir durch Dörfer, die nur aus Hütten bestehen. Sie sind aus Holz, Lehm und Kuhfladen gebaut und tragen dicke Strohdächer. Überall spielen Kinder, zwischen ihnen laufen Hühner, Ziegen und Milchkühe umher. Die Kinder sehen unsere Rikscha, rennen ein Stück mit, lachen und winken uns zu. Welch eine Idylle! Doch der Schein trügt, die Wahrheit ist bitter. Bihars Infrastruktur ist eine Katastrophe. Von allem gibt es viel zu wenig: Schulen, Krankenhäuser, Mobilität, Versorgung. Wir sehen so viele Kinder, weil es kaum Erwachsene gibt. Die Wenigsten werden hier alt. Die meisten gehen fort oder sterben jung. Die, die bleiben, kämpfen jeden Tag, um sich und ihre Kinderschar satt zu bekommen.

In der Stadt Gaya sind wir mit einem Journalisten der lokalen Tageszeitung verabredet. Er soll der erste gewesen sein, der die Geschichte des *Mountain Man* aufgeschrieben und veröffentlicht hat. In Gaya angekommen, halten wir an einem Kiosk und trinken eine herrliche, eiskalte Cola. Ein kleiner, rundlicher Mann um die fünfzig auf einem Motorroller hält neben uns, der Lokaljournalist. Er sagt, er habe den *Mountain Man* schon lange nicht mehr besucht: »Er lebt in Gehlaur, das ist ein kleines Dorf in der Nähe der Stadt Wazirganj.«

Bhagirath Manjhi zeigt uns den Hammer und Meißel (oben), mit dem sein Vater in 22 Jahren harter Arbeit eine Spalte in den Berg schlug (rechte Seite).

Wir machen uns sofort auf den Weg. Da es keine Straßenschilder gibt, muss Nagender an jeder Ecke Einheimische nach der Richtung fragen. Für jede Auskunft muss er erklären, wer wir sind und warum wir so ein seltsames Fahrzeug benutzen. Erst nach Stunden, als die Sonne schon tief am Himmel steht und die Palmen lange Schatten werfen, erreichen wir das Dorf des *Mountain Man*. Vor einer der Lehmhütten steht die steinerne Figur eines Mannes in weißer Robe. »Wir sind da«, sagt Nagender und seine Stimme bebt.

Unsere Ankunft bleibt nicht lange unbemerkt. Neugierige Kinder versammeln sich um die Rikscha. Nagender fragt einen der älteren Jungen nach dem *Mountain Man*. »Er ist gestorben«, erklärt der Junge. Enttäuscht sehen Nagender und ich uns an. »Doch ihr könnt mit seinem Sohn reden, kommt mit«, sagt er und führt uns auf einen kleinen Platz zwischen drei Lehmhütten. Hier sollen wir auf ihn warten. Er läuft los, zusammen mit der Kinderschar, ich zähle dreißig, setzen wir uns auf den Boden.

Kurz darauf biegt ein Mann um die Ecke. »Ihr wollt mich sprechen?«, fragt er. Es ist Bhagirath Manjhi, der Sohn von Dashrat Manjhi, dem *Mountain Man*. Ganz in weiß gekleidet, trägt er ein rotes Kopftuch und einen ergrauten Dreitagebart. Er ist klein, drahtig und hat auffallend große Hände. Er redet mit ruhiger Stimme und ernstem Ausdruck. »Ihr wollt die Geschichte meines Vaters hören? Das wollen viele.« Er scheint nicht begeistert zu sein von unserem Besuch. Als er hört, dass ich aus Deutschland stamme, sagt er jedoch: »Von so weit her ist noch niemand gekommen. Dann will ich mal nicht so sein.« Und dann steht Bhagirath Manjhi von seinem Plastikstuhl auf und verschwindet in einer der Hütten. Als er herauskommt, hält er einen Hammer und einen riesigen Meißel in der Hand. »Hiermit hat mein Vater den Berg gespalten, aus Liebe zu meiner Mutter. Kommt mit, ich zeige es euch.« Auf dem Weg erzählt Bhagirath Manjhi: »Eines Tages, als mein Vater in den Bergen Holz schlug, machte sich meine Mutter auf den Weg zu ihm, um ihm sein Mittagessen zu bringen. Sie kletterte über Steine und Hölzer, doch sie rutschte aus und fiel hin. Dabei schlug sie mit dem Kopf auf einen Stein und verletzte sich schwer. Als mein Vater sie fand, war sie schon sehr schwach. Er nahm sie auf seine Arme und lief los. Das einzige Krankenhaus in der Gegend befand sich damals wie heute in Wazirganj. Mein Vater musste mit meiner Mutter auf dem Arm 25 Kilometer weit um den Berg herumlaufen, um sie ins Krankenhaus zu bringen. Es gab keinen anderen Weg.

Sie ist damals in seinen Armen gestorben.« Bhagirath Manjhi bleibt stehen und hebt den Blick. Er zeigt auf eine Straße, die den Berg hinauf und durch eine Schlucht führt. Ich erschrecke. Das ist keine Schlucht, denke ich, das ist der gespaltene Berg. Nicht möglich! Ich sehe auf Hammer und Meißel in den Händen von Bhagirath Manjhi. »Mein Vater liebte meine Mutter so sehr. Er war völlig verzweifelt, als sie starb, und gleichzeitig auch wütend. Wütend, weil es keine Straße über den Berg gab, die unser Dorf mit der Stadt verband. Er war sich sicher, hätte es eine gegeben, dann hätte Mutter gerettet werden können. Vor Schmerz, Wut und Trauer nahm er einen Hammer und einen Meißel und ging fortan jeden Tag auf den Berg und schlug auf ihn ein. Zweiundzwanzig Jahre lang, bis er den Berg gespalten hatte. Seitdem gibt es einen kurzen Weg zwischen unserem Dorf und der Stadt.« Nagender und ich starren auf den gespaltenen Berg. »Und das hat dein Vater aus Liebe getan?«, frage ich. »Nur die Liebe befähigt den Menschen zu so einer Tat«, antwortet Bhagirath Manjhi.

Als die Geschichte durch die Presse bekannt wurde, bejubelte das ganze Land den Helden für seine große Liebestat. Die indische Regierung ließ eine Straße durch den gespaltenen Berg bauen und errichtete ein schickes Denkmal in einem kleinen Park. Für den *Mountain Man* und seine Familie änderte sich außer der Bekanntheit nichts, sie blieben bitterarm. Als die Filmteams von Bollywood mit ihren hochmodernen Wohnmobilen in dem Dorf anrückten, hoffte Familie Manjhi erneut, ein Stückchen Wohlstand abzubekommen. Doch auch Bollywood bediente sich nur an der Story. »Meinem Vater ging es weniger ums Geld. Er hoffte, dass die Regierung in unsere Gegend investiert. Zum Beispiel in einen Bus, der regelmäßig vom Dorf in die Stadt fährt, oder in eine Schule für das Dorf oder in eine kleine Krankenstation. Doch was hat die Regierung gebaut? Ein Denkmal, das niemandem nutzt«, schimpft Bhagirath Manjhi. Er besucht es trotzdem jeden Tag, um seinen Vater zu ehren und für ihn zu beten. »Mein Vater sagte immer, er sei ein reicher Mann, weil er liebe.«

Von Lügen und Zwickmühlen

Über die Zwänge der Männer

Wir haben bisher immer nur darüber gesprochen, was eine arrangierte Ehe für eine Frau bedeutet. Aber wie geht es eigentlich den Männern in Indien damit?
Im Vergleich ist die Verheiratung für die Frau in Indien eine wesentlich größere Herausforderung. Für sie ändert sich alles. Aber auch für den Mann ändert sich vieles. Er verliert einen großen Teil seiner Freiheit. Ab dem Tag seiner Hochzeit ist nun ständig jemand da, der ihn kontrolliert und ihm neue Regeln auferlegt. Viele indische Männer müssen ihre Ehefrauen um Erlaubnis fragen, bevor sie etwas tun.

Ich dachte, in einer Männergesellschaft bestimmen die Männer?
Zwar ist der indische Mann das Oberhaupt der Familie, aber im Haus ist sie die Chefin. Er muss zusehen, dass er genügend Geld verdient. Meist übt die Frau Druck auf ihn aus, mehr zu verdienen, um ihr zum Beispiel Schmuck zu kaufen. Außerdem erwartet sie, dass er jeden Tag gleich nach der Arbeit nach Hause kommt. Will er sich mit seinen Freunden treffen, tut er das heimlich. Das beobachte ich immer wieder bei meinen Freunden. Wenn wir uns abends auf ein Bier treffen, dann klingelt bei den Verheirateten nach kurzer Zeit das Handy und ihre Ehefrauen fragen, wo sie bleiben.

Und wie reagieren deine Freunde auf diese Anrufe?
Sie lügen. Sie erzählen, dass sie länger arbeiten müssen oder im Stau stehen. Wenn sie Alkohol getrunken haben, versuchen sie es zu verheimlichen. Weil Frauen in Indien keinen Alkohol trinken dürfen, wollen sie es oft auch ihren Männern verbieten. Meine Freunde haben immer Kaugummi, Pfefferminz und Deo-Sprays in ihren Autos. Es ist ganz einfach: Je enger der Mann das Regelkorsett für seine Frau schnürt, desto straffer wird sie seines ziehen. Aber ein bisschen Streit mit seiner Frau ist nicht das größte Problem eines indischen Mannes nach der Hochzeit.

Sondern?

Das größte Problem für den Mann ist, dass er plötzlich zwischen der eigenen Mutter und der Ehefrau steht. In Indien ist es ja so, dass die Frau nach der Hochzeit in das Haus des Mannes zieht. Er ist es bisher gewohnt, von seiner Mutter bedient zu werden. Nun übernimmt seine Ehefrau diese Aufgabe. Die Mutter hat frei und braucht sich nicht mehr um den Haushalt zu kümmern. Zwar gefällt den Müttern, dass die Schwiegertöchter arbeiten, aber sie wollen auch kontrollieren und bestimmen, wie sie arbeiten. Das führt fast immer zu Streit, und dann wird es unangenehm für den Mann. Wenn er nach Hause kommt, darf er sich erst die Beschwerden seiner Mutter über seine Frau anhören und dann schimpft seine Frau über die Mutter. Er steht dazwischen und ist bemüht, eine Balance herzustellen.

Was wäre das Schlimmste, was einem Mann nach der arrangierten Hochzeit passieren könnte?
Das Schlimmste wäre, wenn er die Kontrolle über seine Frau verliert und sie nur noch tut, was sie will. Kontrolle ist für die Menschen in Indien sehr wichtig.

Kann ein Sohn mehr zur Entscheidung seiner Eltern über die Ehepartnerin beitragen als eine Tochter?
Ich denke nicht. Die Eltern entscheiden das. Es kommt auf sie an, inwieweit sie ihre Tochter oder ihren Sohn an der Entscheidung beteiligen. Diese kann hart für eine Tochter und genauso hart für einen Sohn ausfallen.

In Rajats Fall war die Entscheidung seiner Eltern, ihn an diese Frau zu verheiraten, sehr hart! Er hat sich sein Leben ganz anders vorgestellt und leidet nun unter der Einschränkung seiner Persönlichkeit durch seine Ehe.
Rajat ist ein spezieller Fall. Er ist Künstler. Seine Frau kommt aus einem Dorf und aus einer Familie, die keine Ahnung, keinen Sinn für Kunst hat. Für ein Leben als Künstler müsste er offen sein, viel reisen und vor allem viele Leute treffen, zu Events und Parties gehen. Dort würde er auch andere Frauen treffen. Seine Frau konnte das nicht akzeptieren.

Wie sieht die Traumfrau eines indischen Mannes aus?
Die Traumfrau eines indischen Mannes ist so schön wie möglich. Das bedeutet in Indien vor allem, so hellhäutig wie möglich. Helle Haut gilt bei uns als Schönheitsideal. Die Traumfrau bedient seine

Familie und ihn besonders gut, macht keinen Ärger und erfüllt seine Wünsche.

Ist es einem indischen Mann denn gar nicht wichtig, dass er sich mit seiner Frau gut unterhalten kann?
Doch schon. In einer arrangierten Ehe wächst das Bedürfnis, sich miteinander zu unterhalten, mit der Zeit. Am Anfang geht es in erster Linie um die Sexualität.

Sex ist ein Tabu in Indien. Von der Frau wird erwartet, dass sie als Jungfrau in die Ehe geht. Gilt das auch für den Mann?
Nein. Männer werden danach nicht gefragt. Die meisten haben schon Erfahrungen gemacht, wenn sie heiraten. Entweder sie hatten Sex in einer Affäre oder sie waren bei einer Prostituierten. Ich denke, weil Sexualität in unserer Gesellschaft ein Tabu ist, wollen es alle umso mehr.

Welchen Wert hat die Liebe für Männer in einer Ehe? Oder ist Liebe was für Weicheier?
Dieses besondere Gefühl empfinden Männer zunächst, weil sie endlich Sex haben können mit einer schönen Frau und das, so oft sie wollen. Die Liebe entwickelt sich mit der Zeit. Ich glaube, wenn du mit jemandem dein Leben teilst, liebst du ihn irgendwann. Wenn viele Jahre ein Stein vor deiner Tür liegt, hast du dich so an ihn gewöhnt, dass du ihn vermisst, wenn er nicht mehr da ist. Ob das dann aber richtige Liebe ist, weiß ich nicht. Wahrscheinlich eine Mischung aus Liebe, Gewohnheit und Akzeptanz. Man hat sowieso keine Wahl. Entweder man liebt eben diese Frau oder nicht.

Das klingt fast, als wäre die Liebe den Männern nicht wichtig. Dabei stammen die größten Liebesbeweise, die uns auf unserer Tour begegnet sind, das Taj Mahal oder der gespaltene Berg, von Männern.
Natürlich lieben Männer! Ich denke sogar, dass Männer intensiver lieben als Frauen. Männer sind emotional schwächer, können sich schlechter trennen. Wenn ein Mann einmal wirklich liebt, dann kommt er nur sehr schwer von dieser Liebe los, wenn er es überhaupt jemals schafft.

Die Hindugöttin Kali steht für Zerstörung. Sie ist blutrünstig und kämpferisch. Doch die Hindus verehren sie, weil in jeder Zerstörung auch ein Neuanfang liegt. Kali hat schwarze Haare und eine rote Zunge (rechte Seite).

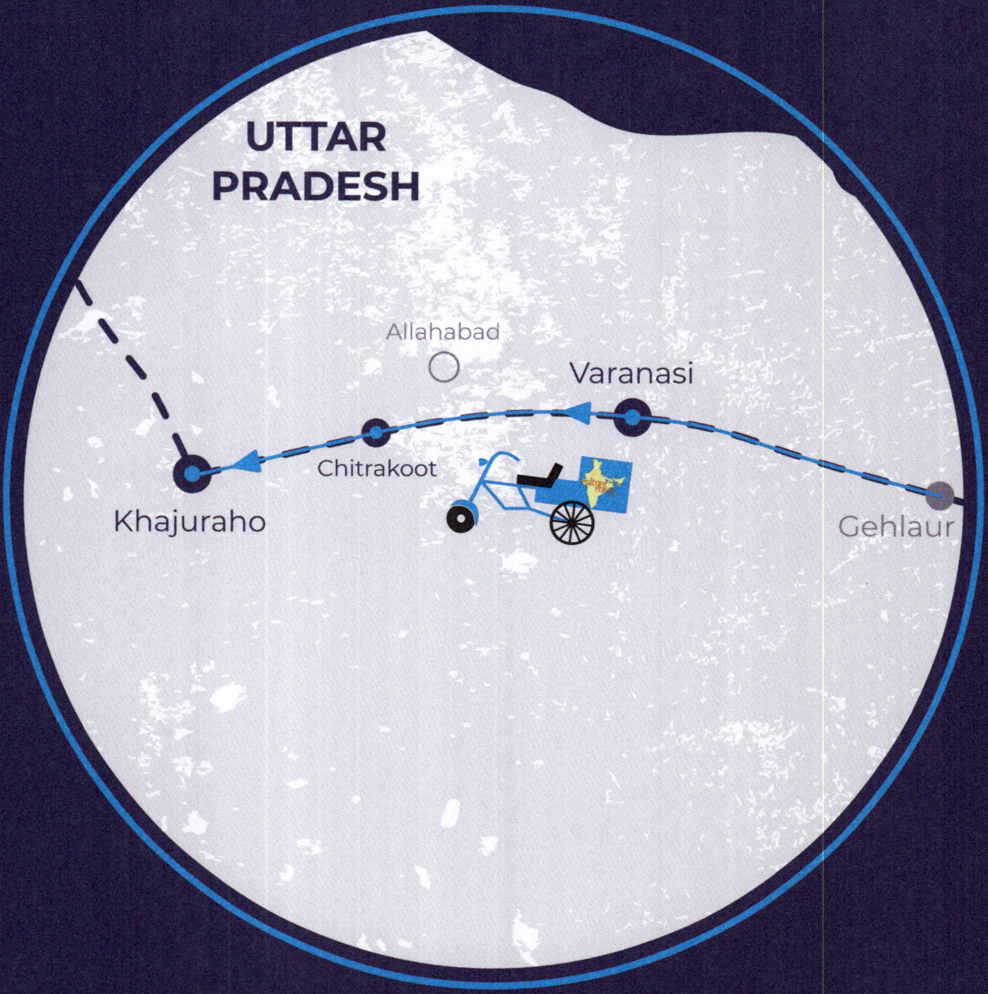
UTTAR
PRADESH
Allahabad
Varanasi
Chitrakoot
Khajuraho
Gehlaur

The Sweetest Taboo

Religion und die Liebe

Die Liebe zwischen Mann und Frau gilt außerhalb der eigenen vier Wände als tabu. Die Leidenschaft für ihre hinduistische Religion lebt der Großteil der indischen Bevölkerung dagegen hingebungsvoll aus. In der heiligen Stadt Varanasi, am Ufer des Ganges, sind die Götter das Ziel exzessiver Anbetung. Von exzessiver Lust zeugen nur noch tausend Jahre alte Tempelwände in dem kleinen Ort Khajuraho. Hier treffen wir einen alten Mann, der uns erklärt, wie der Sex in Indien vom gefeierten Genuss zum strengen Tabu werden konnte.

Bad in Gottes Liebe

Varanasi, Uttar Pradesh

In der heiligen Stadt am Ganges beginnt das Leben mit dem Sonnenaufgang. Wenn gegen sechs Uhr am Morgen das erste Licht die Stufen, *Ghats*, am Ufer des Ganges, erhellt, kommen die Menschen hinunter ans Wasser. Sie tragen kleine silberne Eimer oder Krüge in den Händen und haben Kulturbeutel mit Seife, Kamm und ihre Zahnbürste dabei. Es sind hinduistische Priester und ihre Schüler, Pilger und auch Bewohner der Stadt. Sie vollziehen ihre Morgentoilette im Wasser des heiligen Flusses und halten *Puja*, ihr Gebetsritual. Dabei tauchen sie unter, drehen sich um die eigene Achse, falten die Hände und murmeln Gebete. Sie lassen das Wasser durch ihre Hände rinnen und schöpfen es sich in den Mund. Manche Frau steigt in ihrem schönsten Sari in die Fluten des Ganges.

Die Stadt Varanasi, die im Laufe der Geschichte auch Kashi (»Stadt des Lebens«) oder unter der britischen Herrschaft Benares hieß, ist eine der ältesten durchgehend bewohnten Städte der Welt, entstanden um das Jahr 1200 vor Christus. An Varanasis Flussufer reihen sich farbenprächtige Bauten mit Türmen, geschwungenen Fenstern und Toren. Sie alle sind mehrere Hundert Jahre alt. Die meisten ließen hinduistische Könige, die Maharadschas, erbauen. Von den Gebäuden aus führen weitläufige Treppenstufen, die *Ghats*, hinunter in den Ganges. In Varanasi erschließen 84 verschiedene *Ghats* die Ufer. Die Bauwut der Maharadschas an dieser Stelle hat einen Grund. Zum einen wird »Mutter Ganges«, wie die Hindus den Fluss liebevoll nennen, als Göttin verehrt. Ein Bad an diesem Ufer soll von Sünden rein waschen und schwerste Krankheiten heilen. Außerdem, so besagt der Glaube, ist Varanasi das direkte Tor ins Nirwana. Wer hier stirbt und verbrannt wird und wessen Asche an dieser Stelle in den Ganges gelangt, der gewinnt *Moksha*. Der Verstorbene durchbricht den Kreislauf der Wiedergeburt – das höchste Ziel eines Hindus. Das funktioniert sonst nur

Das Bad in Mutter Ganges verspricht den Hindus Heilung.
In Varanasi baden und beten Schwerkranke in ihren Fluten (linke Seite).

durch ein äußerst tugendhaftes Menschenleben voller Entbehrung, Anstrengung und einem Haufen gutem Karma. Verständlich also, dass jeder Hindukönig sich seinen eigenen Platz vor dem Tor zum Nirwana sichern ließ. Heute sind die Bauten keine Sterberesidenzen für Könige mehr, sondern Hotels und Gasthäuser, Restaurants und Yogatempel. Varanasi hat sich zu einer quirligen Touristenattraktion entwickelt. In den schmalen Gassen der Altstadt befinden sich etliche Souvenir-Shops, French Cafés und German Bakeries. Man hat sich auf den Geschmack der westlichen Touristen eingestellt. Auf den Karten stehen Spaghetti mit Tomatensauce, Pizza und sogar Beef-Burger.

Nach den entbehrungsvollen Tagen in Bihar genießen Nagender und ich das vielfältige Angebot und das touristische Flair der Stadt. Wir buchen eine Fahrt auf einem Paddelboot und schauen uns das bunte Treiben auf Varanasis *Ghats* vom Fluss aus an. Die Gläubigen beten laut, singen, tanzen, gestikulieren, schlagen kräftig gegen Glocken und werfen allerlei Opfergaben ins Wasser. Manchmal sind es bunte Plastikstatuen hinduistischer Götter, Blumenkränze oder Geldscheine. Meistens kleine Schiffchen in Form von Lotusblüten mit einer Kerze darauf, die die Gläubigen hier jeden Tag tausendfach auf Flussfahrt schicken.

Diese liebevolle Hingabe an das Heiligtum steht in merkwürdigem Kontrast dazu, wie wenig liebevoll die Hindus »Mutter Ganges« behandeln. Nicht nur mit ihren Opfergaben verschmutzen sie das Wasser. Haben sie ihre Gebete gesprochen und ein Bad genommen, verschwindet auch der Müll in den Fluten. Das heilige Wasser gleicht längst einer stinkenden Brühe. Und noch etwas landet hier massenhaft im Ganges: Menschliche Asche. An speziellen *Ghats* finden in Varanasi das ganze Jahr über und beinahe an jedem Tag öffentliche Feuerbestattungen statt. Von unserem Paddelboot aus sehen wir haushohe Stapel Sandelholz, die auf einem der Verbrennungs-*Ghats* lagern. Zwei Männer bringen einen Körper herab, eingeschlagen in ein weißes Laken. Sie hieven den Toten auf einen Holzhaufen. Aus einem anderen Haufen daneben schlagen bereits die Flammen hoch. Feuerbestattung im Akkord.

Der Bootsfahrer setzt uns an einem *Ghat* ab, auf dem sich ein kleiner Tempel befindet. Im Inneren des Tempels ist es stickig, heiß und laut. Die verbrauchte Luft riecht nach Räucherstäbchen. Gläubige strömen hinein, beten zu einer Statue in der Mitte des Raums, schlagen gegen eine Glocke, stopfen einen Geldschein in eine Büchse und strömen wieder hinaus. In dem Gewusel bewahrt ein Mann vollkommene Ruhe, der Priester des Tempels. Er steht dicht bei der Götterstatue mit gefalteten Händen und geschlossenen Augen. Anders als bei allen anderen sind seine Bewegungen nicht hektisch. Er öffnet die Augen und lächelt jeden an. Liebevoll dekoriert er die Statue mit Blumenschmuck und legt seine Hände auf die Köpfe der Gläubigen. Ich bin fasziniert von der inneren Ruhe und Zufriedenheit, die er ausstrahlt. Wir kommen mit ihm ins Gespräch und erfahren, dass er Shiv Raju Pandhai heißt und seit 20 Jahren als Priester diesen kleinen Tempel versorgt. Hinduistischen Priestern ist es erlaubt zu heiraten, deshalb hat auch er eine Ehefrau und eine Tochter. Als wir ihm erzählen, dass wir auf der Suche nach Antworten über die Liebe in Indien sind, freut er sich sichtlich: »Die Liebe ist etwas ganz Wunderbares, Einzigartiges und Schönes.« Für ihn als Priester gehöre sein Leben und seine größte Liebe Gott. Aber er habe auch gelernt, dass es wichtig sei, die Menschen zu lieben. »Wenn du es schaffst, alles zu lieben, die Menschen, die Tiere, die Vögel, alles um dich herum, dann kannst du wirklich glücklich sein. So wie ich.« Für ihn gibt es keinen Zweifel: Die Liebe, die wir fühlen, stammt vom Gott Shiva.

Nach unserer Unterhaltung mit dem Priester frage ich mich, wie es Kanika wohl geht. Die Hochzeitsvorbereitungen werden bereits begonnen haben. Am Abend rufe ich sie an. Sie erzählt mir, dass sie sich mit Ajay, ihrem zukünftigen Mann, getroffen hat. »Wir waren zusammen Kaffee trinken. Er ist sehr freundlich, aber auch schüchtern. Er hat mir viele Fragen gestellt, was ich gern esse, was für Musik ich mag und womit ich mich am liebsten beschäftige. Seine Aufmerksamkeit hat mir gefallen. Dann hat er versucht, meine Hand zu nehmen. Das war sehr komisch. Ich war so nervös, dass ich kein Wort herausbekommen habe … wie peinlich«, sagt sie und kichert. Es gehe alles sehr schnell, sie hätte lieber mehr Zeit, ihn besser kennenzulernen. »Wir haben unsere Handynummern ausgetauscht und schreiben uns seitdem viele Nachrichten. Ich hoffe sehr, dass seine Familie auch so freundlich ist wie er.« Kanika klingt gar nicht ängstlich. Sie ist aufgeregt und scheinbar voller Vorfreude. Sie erzählt mir noch eine ganze Weile von ihrem Hochzeitskleid, das sie sich aussuchen durfte. Zusammen mit dem Schmuck, den sie für die Hochzeit leihen wird, wiegt es acht Kilo!

In der Nacht sitzen Nagender und ich auf der Dachterrasse unseres Gästehauses und genießen ein eiskaltes Bier. Ich erzähle ihm

Vom Paddelboot aus kann man das Treiben an den rund 80 *Ghats* der Altstadt von Varanasi beobachten (oben und unten). Hinduistische Reliquien, wie diese Statue des Gottes Ganesha, werden von den Gläubigen intensiv gepflegt (rechte Seite).

von meinem Telefonat mit Kanika. »Siehst du, sie bekommt langsam Schmetterlinge im Bauch.« Diese Einschätzung halte ich zwar für etwas voreilig, doch es scheint ihr wirklich nicht schlecht zu gehen wegen der bevorstehenden Hochzeit. Im Gegenteil. »Kanika genießt es, im Mittelpunkt zu stehen. Das ist bei euch doch auch so. Um die Braut dreht sich alles. Das ist doch schön, oder? Kanikas Vater wird ein Vermögen für ihre Hochzeit ausgeben«, sagt Nagender. Er erklärt, dass in Indien die Mitgift immer noch üblich ist. Der Vater der Braut übernimmt die Ausrichtung der mehrtägigen Hochzeitsfeier finanziell. Um die 600 Gäste gelten als normal bei einer indischen Hochzeit. Aber damit nicht genug. Die Familie der Braut muss die Familie des Bräutigams und das junge Paar reich beschenken. Je üppiger die Mitgift ausfällt, desto besser wird die Braut in Zukunft von der Schwiegerfamilie behandelt. So lautet jedenfalls die Theorie. »Kanikas Vater wird einen Kredit aufnehmen müssen«, sagt Nagender. Ich staune. »Er hat noch eine Tochter«, gebe ich zu bedenken. »Zwei Töchter zu verheiraten kann in Indien für eine Familie leicht den Ruin bedeuten. Die Mitgift gehört endlich verboten. Dann würden auch nicht mehr so viele weibliche Föten abgetrieben«, sagt Nagender. Das bringt mich auf einen ganz anderen Gedanken: »Wird von Kanika nach der Hochzeit erwartet, dass sie gleich schwanger wird?«, frage ich Nagender. »Vielleicht nicht unbedingt sofort, aber je länger es dauert, desto größer wird der Druck auf sie.« »Wird Ajay, Kanikas Mann, schon in der Hochzeitsnacht Sex von ihr verlangen?« »Ich denke schon, dass Ajay das einfordern wird.« »Und wenn sie es nicht möchte?«, frage ich. »Wenn sie sich traut, ihm das zu sagen, muss sie Glück haben, dass er respektvoll reagiert.« Ich schüttle den Kopf. Wieder so ein indisches Paradoxon. Die Bibel der Erotik, das Kamasutra, stammt aus diesem Land und trotzdem ist Sex ein Tabu und offenbar ausschließlich auf männliche Bedürfnisse zugeschnitten. Die Hochzeit von Ajay und Kanika findet in einer Woche statt. Nagender und ich müssen uns bald auf den Weg zurück nach Delhi machen. Auf dem Weg liegt Khajuraho, eine kleine Stadt, die für die erotische Bildhauerkunst und die Fresken ihrer Kamasutra-Tempel berühmt ist. Wir planen einen Abstecher nach Khajuraho zu unternehmen, um dort dem Tabuthema Sex auf den Grund zu gehen.

Heiliges Gewässer und stinkende Brühe: In Varanasi sieht man Menschen, die sich Flusswasser über den Kopf schöpfen und Blütenblätter auf die Oberfläche rieseln lassen. Wenige Meter weiter werfen andere Müll und Fäkalien in den Fluss.

Einerseits verschmutzen die Hindus ihren heiligen Fluss, andererseits halten sie am Ufer aufwendige Gebetszeremonien ab. Inbrünstig, mit Feuerschalen und Gesang beten sie dabei ihre fließende Gottheit an.

Unser Blauer Blitz ist ein beliebtes Fotoobjekt, und auch wir dürfen mit vielen verschiedenen Leuten für ein Bild posieren (oben). Für zwei Trucker sind wir sogar spannender als ein LKW-Unfall (unten).

Der längste Tag

Chitrakoot, Madhya Pradesh

Die Räder stecken im Schlamm fest. Die Rikscha droht zu kippen. Mit aller Kraft stemme ich mich gegen den Kofferraum. Nagender sitzt vorn und dreht am Gas. Der Motor jault auf, das Antriebsrad rast und eine Ladung Matsch schießt hervor. Volltreffer. Ich bin von oben bis unten voller Dreck. Nächster Versuch. Wieder eine braune Fontäne, diesmal drehe ich das Gesicht weg, schiebe, drücke. Dann endlich greift das Rad und Nagender steuert die Rikscha aus dem Schlammloch. Wir sind mitten im Nirgendwo, auf einer Buckelpiste mit Schlaglöchern, so groß und tief, dass ich darin baden könnte. Irgendwo haben wir die falsche Abzweigung genommen. Darüber, wie das passieren konnte und wer daran schuld ist, sind wir uns nicht einig. Nagender meint, wir hätten vor Stunden an einer Kreuzung lieber gleich die bessere Straße wählen sollen, wie er vorgeschlagen hatte. Aber auf der Karte in meinem Handy sah es eindeutig so aus, dass nur die kleine Straße uns ans Ziel führen würde. Was kann ich dafür, wenn die Karte nicht stimmt?

Jetzt hockt er da oben blitzsauber auf seinem Rikschasitz und ich krieche im Matsch herum und mache die Drecksarbeit. Zu allem Überfluss liegt wieder irgendwo ein Tierkadaver in der Nähe. Der Gestank von verwesendem Fleisch tränkt die Luft, jeder Atemzug ist eine Qual. Damit nicht genug, nähert sich eine gewaltige Gewitterfront. Dunkelgraue Wolkentürme, die einen Vorhang aus Regen mit sich ziehen. Nagender fährt auf der Buckelpiste davon und ich stapfe hinterher. Er meint, wir seien zu zweit zu schwer und die Rikscha bliebe deswegen an den Schlaglöchern hängen. Na klar, der will mich doch nur ärgern, denke ich. Meine durchnässte Hose klebt an meinen Beinen und mit den Schuhen versinke ich bei jedem Schritt im Schlamm. Auf was habe ich mich da nur eingelassen? Ich muss völlig verrückt sein! Ich verfluche unsere Reise, ganz Indien und die Liebe gleich dazu.

Dabei hatte der Tag so harmlos begonnen. Nach einem gemütlichen Kaffee, im Hotelzimmer frisch gebraut, verließen wir in aller Ruhe bei Sonnenaufgang Varanasi. Unser Plan war es, das rund

400 Kilometer entfernte Khajuraho noch am gleichen Tag zu erreichen. Eine sehr weite Strecke für unsere Rikscha, doch da wir bei wenig Verkehr rasch aus Varanasi herauskamen, schien das Vorhaben durchaus realistisch.

Mit voller Fahrt bretterten wir mit unserem Blauen Blitz über den vierspurigen Highway. Die Spitzengeschwindigkeit liegt auf guter Fahrbahn bei etwa 50 Stundenkilometern. Nach 100 Kilometern bremste die erste Zeitverzögerung unseren Elan. Ein lauter Knall. Vor Schreck fuhr ich zusammen. Nagender lachte sich halb kaputt: »Es ist nur ein Reifen geplatzt.« Wir schoben die Rikscha in eine Parkbucht. Die Sonne knallte auf den Asphalt. Die Hitze briet uns, von oben und von unten. Wir stellten uns in den Schatten eines riesigen Trucks. Das Vorderrad unseres Vehikels war platt, im geschundenen Gummi klaffte ein großes Loch. Zum Glück sind wir auf solche Fälle vorbereitet. Nagender hat eine große Tasche voller Werkzeug im Kofferraum verstaut, diverse Ersatzschläuche und sogar Ersatzräder haben wir dabei. In kurzer Zeit wechselte er im Schatten des Trucks den Vorderreifen. Zwar waren wir danach schweißgebadet und von Staub paniert, doch der Fahrtwind kühlte uns rasch wieder ab. Die Laune hielt. Bis schließlich vor gut zwei Stunden diese eine Abzweigung auftauchte und wir nun auf der schlammigen Buckelpiste feststecken.

Als unter dem Schlamm endlich wieder Asphalt zum Vorschein kommt, steige ich wortlos auf und wir fahren weiter. Der Streit und die Gewissheit, dass wir heute auf keinen Fall mehr unser Ziel erreichen, steckt uns in den Knochen.

Am Straßenrand in Indien liegen von Zeit zu Zeit Wracks, stille Zeugen von schrecklichen Verkehrsunfällen. Manchmal sind die Fahrzeuge bis zur Unkenntlichkeit verbeult. Wer hier draußen einen Unfall hat und schwer verletzt ist, hat wenig Überlebenschancen. Es gibt zwar einen Rettungsdienst, aber bis der kommt, können Stunden vergehen. Es dämmert bereits. Wir haben beschlossen, in der Stadt Chitrakoot zu übernachten. Dem Gewitter sind wir glücklicherweise entkommen, der Wind schiebt es weg. Doch der Dunkelheit fahren wir heute nicht davon. Sie holt uns ein und mit ihr kommt eine Schar an kleinen Käfern. Erst sind es nur wenige Käfer, die an unsere Helmvisiere schlagen, doch es werden immer mehr. Sie prallen auf die Haut und auf die Kleidung. Irgendwann klatschen sie zu Hunderten gegen alle denkbaren Körperstellen. Die Käferinvasion erschwert Nagender die Sicht. Auf einmal juckt es mich am ganzen Körper. Die Viecher, die den Aufprall überlebt haben, krabbeln auf uns herum. Ich kratze mich am Hals, zerquetsche einen Käfer und plötzlich zieht ein beißender Gestank in meine Nase. »Nagi, was stinkt hier so?«, frage ich. »Es sind die Insekten, wenn du sie tötest, stinken sie.« Ein Ekelschauer läuft mir über den Rücken. Aber es gibt kein Entkommen, wir müssen es bis Chitrakoot schaffen. Die Straße wird breiter und immer mehr Autos fahren in die Gegenrichtung. Ihre Lichter blenden, Nagenders zerkratztes Visier und der Käferdreck daran machen es ihm beinahe unmöglich, noch etwas zu sehen. Er klappt sein Visier hoch. Nun prallen die Käfer direkt in sein Gesicht. Ich merke, wie Panik in mir aufsteigt. »Ich schaffe das, keine Angst, meine langen Wimpern halten die Käfer von den Augen fern«, versucht Nagender mich zu beruhigen.

Dann verstummen wir beide. Jedes Tröpfchen Energie, das wir noch haben, darf nicht durch unnützes Gerede verschwendet werden. Wir brauchen es, um eine sichere Unterkunft zu finden. Höchste Anspannung, komplettes Zusammenreißen. Ich schließe meine Augen und presse die Lippen zusammen. Versuche, das Jucken auf meiner Haut zu vergessen. Lenke meine Gedanken auf das Vertrauen zu Nagender. Er wird es schon schaffen, uns ans Ziel zu bringen.

Es dauert eine Ewigkeit, bis wir in die beleuchteten Straßen von Chitrakoot einbiegen. Wir fahren in den Hof eines Hotels. Nagender schaltet den Motor aus und wie vom Blitz getroffen springen wir beide von den Sitzen und schütteln uns, reißen uns Helme und Jacken vom Leib. Die kleinen Käfer fallen von uns ab, es stinkt bestialisch, aber wenigstens lässt das Jucken langsam nach. Wir beziehen ein Zimmer, das stinkt ähnlich wie wir. Das Laken wird irgendwann einmal weiß gewesen sein, heute zeugt es in allen Farben von seinen zahlreichen Benutzern. Aus der Dusche kommt aber zum Glück Wasser. Zwar läuft es durch den verschmutzten Abfluss nicht ab, aber es befreit mich von Käferdreck, Motoröl, Staub, Schlamm und Schweiß. Während wir uns waschen und im Zimmer einrichten, reden Nagender und ich kein Wort. Es ist, als hätten wir beide auf Autopilot geschaltet. Jeder Handgriff läuft wie automatisch und in Zeitlupe ab. Im Restaurant des Hotels bestellen wir vier verschiedene Currys, *Naan* und Bier. Nach den ersten Bissen kehrt ein wenig Leben in uns zurück. »Entschuldige, Chrissi, wegen unseres Streits. Das war gemein, es tut mir leid!«, sagt Nagender. »Mir tut es auch leid, wirklich! Es war auch fies von mir. Entschuldige bitte!«, sage ich.

Die Erlebnisse, die das langsame Reisen uns beschert, und die Nähe zu den Menschen am Straßenrand, wiegen die Strapazen des Reisens wieder auf (oben).

Doch das Fahren auf der Rikscha ist anstrengend. Mit wunden Hinterteilen kämpfen wir gegen die Hitze, flicken platte Reifen und sammeln den Dreck der Straßen auf unserer Haut.

Tempel der Lust

Khajuraho, Madhya Pradesh

Zärtliche Berührungen. Körper, die sich aneinanderschmiegen. Lippen, die sich küssen, sich beinahe verschlingen. Frauen mit prallen Brüsten und gewölbten Becken, unverhüllte männliche Erregung. Die Skulpturen und Fresken der Tempel von Khajuraho zeigen entfesselte Lust. Ich kann meinen Blick kaum abwenden. Die Detailfreude der Steinmetze ist ein Wunder, ebenso ihr Mut zur Freizügigkeit. Aus hartem Stein schufen sie vor über tausend Jahren weiche Kurven und pure Sinnlichkeit. In die Steingesichter meißelten sie lustvolle Blicke und sanftes Lächeln. Die Szenen an den Tempelwänden sehen aus, als entsprängen sie einem wilden Traum von freier Liebe, ohne Hemmungen. Ganze Gruppen laben sich aneinander. Nackte Frauen mit gespreizten Beinen, gehalten von kraftvollen Händen ihres Liebhabers. Daneben ihre Spielgefährten, die sie stützen beim Liebesakt und angeregt durch das Schaupiel sich selbst berühren. Fast werden die Szenen an den Wänden zu einem Film aus lebendiger Erotik. Männer und Frauen, die sich neckisch kitzeln, sich an ihrer Körperlichkeit erfreuen und sich dem Genuss der Berühung und der Erregung hingeben. Und wenn man ihnen so zuschaut, meint man beinahe, sie zu hören, wie sie sich zuhauchen, wie sie kichern und stöhnen.

Während ich da stehe und träume, läuft plötzlich eine Inderin an mir vorbei und schaut mich an. Sofort spüre ich die warme Schamesröte in meinem Gesicht aufsteigen. Mit einem Ruck bin ich zurück aus der Freiheit der körperlichen Liebe im verklemmten Indien von heute. Einige Gläubige sind an diesem Morgen zur Anlage gekommen, um ihre Hindugötter anzubeten und ihnen Blumen und Wasser zu opfern.

Die Tempel von Khajuraho wurden von der Chandela-Dynastie in den Jahren zwischen 950 und 1050 erbaut. Von den damals 85 erbauten Tempeln sind heute noch 25 in erstaunlich gutem Zustand

---

Uralt und doch kein bisschen verstaubt: Die Erotik an den Tempelwänden von Khajuraho ist über tausend Jahre alt und wirkt heute noch anregend auf ihre Betrachter (linke Seite).

erhalten. Seit 1986 zählen sie zum Weltkulturerbe. Vermutlich war die Abgeschiedenheit Khajurahos der Grund dafür, dass die Tempel nicht zerstört wurden. Lange Zeit wusste niemand von ihnen, die Menschen hatten die Gegend verlassen und der Dschungel überwucherte die Anlage. Erst 1838 wurde ein britischer Offizier von seinen Sänftenträgern zu den Ruinen geführt. Khajuraho liegt heute immer noch fernab der großen Zentren. Es ist ein beschauliches Dorf, das vom Tempel-Tourismus lebt. Sonst gibt es nicht viel zu sehen. Ein kleiner Platz mit Cafés, Restaurants und Souvenirshops lädt zum Verweilen ein. Vor den Toren der Tempel steht eine Armada aus Tuktuks und Fahrradrikschas, deren Fahrer unentwegt auf Touristenjagd sind. Die wenigen Fremden werden von zahlreichen Kleinhändlern mit Bauchläden bestürmt. Seit Kurzem gibt es nahe Khajuraho einen Flughafen. Auf einer großen betonierten Fläche steht nun eine Abfertigungshalle mit Glasdach und wirkt inmitten der ländlichen Umgebung wie ein Raumschiff aus der Zukunft.

Die Tempel teilen sich in drei Gruppen auf. Die schönsten Anlagen stehen im Westen. Um sie herum breitet sich eine weitläufige Parkfläche. Sie ist umzäunt und Touristen müssen Eintritt bezahlen. Die anderen Tempelgruppen sind frei zugänglich. Nagender und ich treffen am frühen Morgen ein und streifen als erste über das Gelände. So kann Nagender in seinen Bildern das sanfte Morgenlicht einfangen und die Tempel ohne Touristenschar fotografieren. Ich habe meine Schuhe ausgezogen und schlendere barfuß über den Steinboden. Die Sonne hat den Boden bereits aufgewärmt. Ich staune über die Fresken an den himmelhohen Tempeln. Und ich beobachte die Gläubigen, die ihre Runden um die Tempel drehen. Sie wirken in sich gekehrt, manche murmeln Gebete vor sich hin. Ab und zu berühren sie eine der Statuen, bespritzen sie mit Wasser oder legen eine Blüte vor ihr nieder. Ein seltsames Bild in meinen Augen. Nach alldem, was ich über Sex und Liebe in diesem Land erfahren habe, frage ich mich, was diesen Menschen durch den Kopf geht, wenn sie sich einen Blick auf die freizügigen Sexszenen der Figuren erlauben. Vielleicht, dass ein derartig genussvoller Liebesakt den Göttern vorbehalten ist? So wie Nagender es mir erzählt hat, ist Sex in der indischen Bevölkerung nur in der Ehe zwischen Mann und Frau erlaubt und auch dann nur hinter geschlossenen Vorhängen, untrennbar verbunden mit der Absicht, Nachwuchs zu zeugen. Auch unter Freundinnen wird das Thema nicht offen besprochen, das ist mir in Unterhaltungen mit Kanika aufgefallen. Sie weicht meinen direkten Fragen stets aus. In der Schule findet keine Sexualerziehung statt und nicht eine Zeitschrift für Jugendliche beantwortet all die schwierigen Fragen zum Thema. Überaus direkt zeigte sich mir das Tabu in einem Bollywood-Film, den ich im Kino in Kolkata gesehen hatte. Der Held des Films war ein korrupter Polizist, ein knallharter Bursche, Typ Bruce Willis, nur mit Schnauzer und schwarzer Haarpracht. Es gab unbeschreiblich brutale Szenen in diesem Film, aber die Liebesgeschichte, die einen großen Teil einnahm, war so unschuldig wie ein Kinderbuch. Nicht ein Kuss wurde gezeigt, geschweige denn eine erotische Szene. Der Held gewann seine Angebetete stattdessen mit einem Tanz als Mitglied einer Männertanzgruppe. Danach wurde sofort geheiratet. Ende der Geschichte.

Das Tabu bezieht sich in Indien nicht nur auf den Liebesakt, sondern auch auf den körperlichen Ausdruck von Zuneigung zueinander. Ist das nicht eine brutale Einschränkung der Lebensqualität? Jeder, der verliebt ist oder schon einmal verliebt war, kennt doch dieses Gefühl, mit dem Lieblingsmenschen untrennbar verbunden sein zu wollen. Die Szenen am Tempel zeugen davon, dass es in Indien eine Zeit vor dem Tabu gab. Eine Zeit, in der Liebe und Sexualität offen ausgelebt wurden. Manche Fresken zeigen sogar Menschen beim Sex mit Tieren: Ein Mann vergnügt sich mit einem Pferd und eine Frau wird von einer Art Löwe liebkost. Da gerate auch ich, die von sich denkt, offen mit dem Thema Sexualität umzugehen, an meine Grenzen.

»Was ist passiert«, fragt Nagender, »wie konnte diese Freizügigkeit unserer Vorfahren ins absolute Gegenteil verkehrt werden?« Wir verlassen die Tempelanlage und machen uns auf den Weg in eine Buchhandlung. Wir wollen in das Kamasutra schauen, das weltberühmte Lehrbuch der Erotik. Die Tempel in Khajuraho werden im Volksmund »Kamasutra-Tempel« genannt. Der Buchhändler ist leider nicht so begeistert bei der Sache wie wir. Er will nur verkaufen, über die Geschichte weiß er nichts. Er verspricht uns, dass er uns das »cheapest Kamasutra in town« verkauft. Wir sind enttäuscht, blättern nur kurz durch die Seiten mit den Darstellungen der Sexpositionen und verlassen den Laden. Beim Herausgehen entdecke ich Infobroschüren über Khajuraho. Dort steht, dass das Kamasutra und die Tempel eigentlich nichts miteinander zu

Die Tempelanlagen werden sorgfältig gepflegt. Das Areal ist eingezäunt und der Besuch kostet Eintritt. Es lohnt sich, früh am Tag da zu sein, um den Touristenströmen zuvor zu kommen.

tun haben. Das erotische Buch ist noch älter als die Tempel. Es stammt aus der Zeit um 200 bis 300 nach Christus und wurde in der Gegend der Stadt Patna in Bihar von einem Inder namens Vatsyayana Mallanaga verfasst. Es beinhaltet Lehren über Sex und Liebe. Die Tempel gehen auf die Steinmetze der Chandelas zurück, die hier Eindrücke aus ihrem Leben verewigten. Neben den Bildern des Liebesspiels sind auch viele Kriegsszenen in den Stein der Tempel gehauen.

Wir betreten ein Hotel gegenüber der Buchhandlung. Es ist eine Empfehlung unseres Reiseführers, der die gemütliche Atmosphäre lobt. Das Interieur ist auf den Geschmack und die Ansprüche von Rucksacktouristen abgestimmt. Neben der Rezeption findet sich eine Leseecke. Auf Baststühlen mit bunten Kissen sitzt ein junges israelisches Paar und blättert in einem Guide. Hinter ihnen steht ein Regal voller Bücher. Im üppig begrünten, offenen Innenhof plätschert ein Brunnen. Auch hier lockt eine gemütliche Sitzecke nach der anderen. Das Zimmer ist einfach, aber sauber und spiegelt die Gemütlichkeit des Hotels. Wir laden nur unsere Taschen ab und beziehen dann eine der Sitzecken im Innenhof. Dort zerbrechen wir uns den Kopf, wie wir nun mehr über das Tabuthema Sex herausfinden können. Einfache Leute auf der Straße dazu zu befragen, trauen wir uns nicht. Während wir grübeln, geht ein älterer Mann durch den Hof. Er ist groß, hat dunkle Haut und silbergraues langes Haar. Sein Gang ist so sanft und gleichmäßig, dass es aussieht, als würde er schweben. Seine leichte Kleidung, eine weiße Leinenhose und ein rosafarbenes, weites Hemd, tragen noch dazu bei. Ich versuche seinen Blick zu fangen und schaue ihn direkt an. Ich habe Glück, er wird auf uns aufmerksam und erwidert sogar mein Lächeln. »Nagi, lass uns ihn ansprechen, ich habe ein gutes Gefühl«, sage ich. Als er wieder durch den Innenhof schreitet, fragen wir ihn, ob er sich einen Moment zu uns setzen möchte. Wir erfahren, dass er Swami Ganga heißt und 74 Jahre alt ist. Er stammt aus Khajuraho und ihm gehört das Hotel. *Swami* ist der Titel eines hinduistischen Lehrmeisters. Auch Swami Ganga begegnet uns mit Interesse. »Wir machen eine große Reise durch Indien, weil wir herausfinden wollen, wie es um die Liebe steht«, sage ich. »Ah, die Liebe. Darüber will ich gern mit euch sprechen«, sagt er und zieht sich einen Stuhl heran. »Wie konnte die sexuelle Freizügigkeit unserer Vorfahren ins Gegenteil verkehrt werden?«, fragt Nagender direkt. Swami Ganga antwortet: »Zur Zeit, in der die Tempel von Khajuraho entstanden, wurde die körperliche Liebe als das behandelt, was sie eigentlich ist – als ein natürliches menschliches Bedürfnis. Damals haben die Menschen auf ihre Körper gehört, Sex passierte als ein spontaner Akt. Die Menschen waren damals völlig offen, nackt und empfänglich füreinander. In dieser Zeit wurde der Begriff Liebe geboren.« Swami Ganga schlüpft aus seinen Latschen und lehnt sich entspannt im Bastsessel zurück. Der Lehrmeister bereitet sich offenbar auf eine Unterrichtsstunde in Sachen Liebe vor. Er spricht langsam, manchmal flüstert er, erzählt über die Vergangenheit, als wäre sie ein Märchen. »Heute befehlen wir beim Liebesspiel unseren Körpern, was sie tun sollen, als folgten wir einer Technik. Doch wenn wir all die Mechanismen einmal bleiben lassen würden, darüber hinausgehen und nur auf unsere Körper hören würden, dann könnten sich unsere Körper von selbst bewegen und tanzen und wir würden wirkliche Liebe erfahren. Die Positionen der Chandelas, die wir an den Wänden der Tempel bestaunen können, sind einfach so passiert. Sie folgten keiner Technik, die Positionen sind ein Produkt ihrer Spontaneität. Das ist Ausdruck wahrer Liebe und ein seltenes Phänomen.« »Wie wurde Sex zu einem Tabu in Indien?«, frage ich. »Sex ist heute nicht nur in Indien ein Tabu, sondern auf der ganzen Welt. Auch in Deutschland. Vielleicht sind wir in Indien noch etwas strenger, aber auch bei euch geschieht Sex hinter verschlossenen Türen. Zur Zeit der Chandelas passierte es überall in der Öffentlichkeit. Tiere verstecken sich ja auch nicht, wenn sie sich paaren. Dann aber kamen die Religionen und die Wahrheit ging unter. Aus egoistischen Interessen erfanden Menschen die Traditionen der Religionen und die begruben die Natur des Menschen und der Liebe unter sich.« »Also sind die Religionen schuld?«, fragt Nagender. »Wenn Jesus, Buddha oder Mohammed zurück auf die Erde kämen, wären sie entsetzt, wenn sie sähen, was wir aus ihrer Lehre gemacht haben. Die Menschen haben nicht verstanden, was uns diese wunderbaren Propheten hinterlassen haben. Stattdessen streuten sie Staub auf den Spiegel des Lebens. Die Menschen nehmen sich so wichtig mit ihren Regeln. Dabei passiert nichts für uns. Alles geht seinen natürlichen Weg. Nur wir Menschen haben diesen Weg verloren. Deswegen müssen wir überhaupt fragen, was die Liebe sei. Durch unsere selbstauferlegten Regeln haben wir verlernt, dass Liebe die Basis bildet für unsere Existenz. Heute ist Liebe nur noch ein Wort.« »Wollen Sie damit sagen, dass es keine Liebe mehr gibt?« »Liebe ist ein seltenes Phänomen. Liebe bedeutet nicht nur, sich zu küssen und zu umarmen. Es ist leider heute sehr selten geworden, dass man einem Paar begegnet, das wirklich miteinander verschmolzen ist, das eins geworden ist. Wahre Liebe kennt keine Grenzen, sie ist kein Produkt des Verstandes, es gibt keine Anleitung. Wenn ein Paar sich wirklich liebt, dann gibt es kein ›ich‹ mehr.«

»Haben Sie schon einmal geliebt?« »Ich habe die Liebe in mir selbst gefunden«, sagt Swami Ganga. »Und wie stehen Sie persönlich zur körperlichen Liebe?«, wage ich, diesen bis vor Kurzem noch völlig fremden Mann zu fragen. »Ich habe schon lange keinen Sex mehr, das hat aber mit meinem Alter zu tun. Aber Sex ist ein Bedürfnis, es muss sein. Wissenschaftler haben herausgefunden, dass 85 Prozent der menschlichen Zellen Sexzellen sind«, sagt der Lehrmeister und lacht laut. Dann schlüpft er in seine Latschen, richtet sich auf und schwebt davon. Wir bleiben verwirrt zurück. Was für ein Gespräch, es eröffnet uns einen völlig neuen Blickwinkel auf die Liebe. Einen überaus freizügigen dazu. Und das hier, mitten in Indien, und von einem Inder. »Dieses Land hat wirklich alles zu bieten. Weißt du, was mir aufgefallen ist?«, Nagender redet sich in Fahrt. »In Indien ist Sex ein Tabu, und doch sind wir mit China das bevölkerungsreichste Land der Erde«, sagt er und schüttelt lachend den Kopf.

Am Abend erhalten wir einen Anruf von Kanikas Vater. Der Termin für die Ringzeremonie steht fest. Am Tag vor der eigentlichen Hochzeit werden Kanika und Ajay symbolisch Ringe tauschen. Eine Art Verlobungszeremonie. In zwei Tagen, um etwa 15 Uhr soll es losgehen. Wir müssen uns so schnell wie möglich auf den Weg machen, wenn wir nichts verpassen wollen. Wir packen unsere Sachen und planen, die Stadt im Morgengrauen zu verlassen. Als ich mich an diesem Abend ins Bett lege, wird mir plötzlich bewusst, dass wir nun fast am Ende unserer Reise angelangt sind. Die Fahrt nach Delhi wird die letzte Etappe mit unserem Blauen Blitz sein. Das macht mich fast ein bisschen traurig. Bevor ich einschlafe, denke ich an Kanika. Ich freue mich sehr, sie bald zu sehen und sie bei diesem wichtigen Ereignis begleiten zu können. Auch auf meinen Bruder Jonas freue ich mich, er wird an der Hochzeitsfeier teilnehmen und hat sich bereits auf den Weg nach Indien gemacht.

Was ist in Indien passiert? Wie konnte das Land, aus dem das Kamasutra stammt, so prüde werden? Beim Anblick der Steinmetzkunst können Nagender und ich uns diese Fragen nicht beantworten (oben und unten).

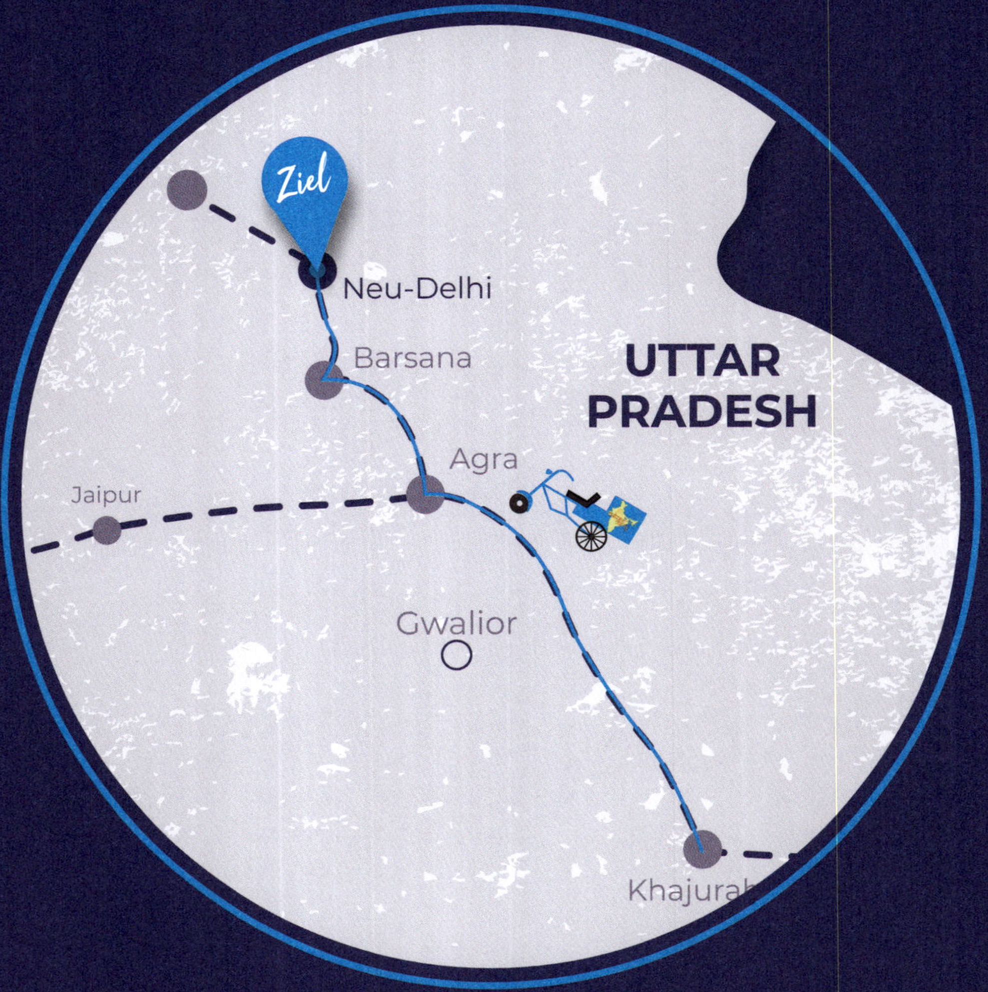

Ziel
Neu-Delhi
Barsana
UTTAR PRADESH
Agra
Jaipur
Gwalior

Love and Marriage

Am Ende steht ein neuer Anfang

Kurz vor unserem Ziel erfahren wir, wie gefährlich es in Indien sein kann, wenn man sich für die Liebe über alte Traditionen hinwegsetzt. Als wir in Delhi ankommen, ist es soweit. Meine indische Freundin Kanika wird verheiratet, mit einem Mann, den sie nicht kennt. Obwohl ich tausende Kilometer durch Indien gereist bin, mache ich mir immer noch Sorgen um sie. Doch in meine Sorge mischt sich auch Hoffnung und Zuversicht. Bei der Verlobungsfeier lernen wir ihren Bräutigam kennen. Gemeinsam feiern wir zwei Tage lang ein berauschendes Hochzeitsfest. Dann beginnt für Kanika ein neues Leben.

Verliebte wie Anu und Vikas (v. l., unten) werden in Indien häufig von ihren Familien wegen ihrer Liebe bedroht. In der Hauptstadt Delhi (oben) gibt es die »Love Commandos«, eine Hilfsorganisation, die bedrohte Paare schützt.

Liebe ist gefährlich

Delhi

»Nagi, was passiert eigentlich, wenn sich ein Mann und eine Frau verlieben und zusammen sein wollen, obwohl ihre Eltern etwas dagegen haben?«, frage ich Nagender. Wir sind auf dem Highway unterwegs und werden in weniger als einer Stunde Delhi erreichen. »Das können dir Vikas und Anu am besten erzählen«, sagt er. Vikas ist Nagenders Cousin. Er leitet ein Reisebüro und organisiert Reisen in die ganze Welt. Seit zehn Jahren ist er mit Anu verheiratet. Ich kenne die beiden gut, dass sie aus Liebe geheiratet haben, wusste ich bislang nicht. Nagender und ich beschließen, ihnen spontan einen Besuch abzustatten. Das gefällt mir, denn so können wir das endgültige Ankommen, das melancholische Gefühl am Ende einer langen Reise noch etwas hinauszögern.

Wir parken unseren Blauen Blitz in einer Wohngegend im Nordwesten Delhis. Hier leben Vikas und Anu in ihrer Eigentumswohnung ein modernes Leben. Beide gehen Vollzeit arbeiten. Kinder wollen sie nicht. Sie genießen ihre Ungebundenheit, gehen viel aus und verreisen gemeinsam. Anu und Vikas sind gern bereit, über ihre Liebesgeschichte zu sprechen. Dafür setzen sie sich nebeneinander aufs Sofa, er legt seinen Arm um sie. Beide stammen aus unterschiedlichen Volksgruppen – Anu gehört zu den Rajputs, Vikas ist Jat. »Ich habe Anu zum ersten Mal auf einer Hochzeit gesehen«, sagt Vikas. »Sie hat mir gut gefallen und ich habe schnell herausgefunden, dass sie auf das gleiche College geht wie ich. Ich wollte sie unbedingt erobern, aber es hat mich zwei Jahre harte Arbeit gekostet, ihr Herz zu gewinnen.« Anu lacht und nickt. »Ja, wirklich, du warst ein harter Brocken«, sagt Vikas und schaut sie an. »Irgendwann hat er sich endlich getraut und mich gefragt, ob wir Freunde sein wollen«, sagt Anu und sie kichern, als wäre es erst gestern gewesen. »Danach war alles klar und wir haben uns ineinander verliebt«, sagt Vikas. »Aber es gab Menschen, die etwas gegen eure Liebe hatten?«, frage ich und sofort verdunkeln sich ihre Gesichter. »Das ist richtig. Wir waren zwei Jahre lang heimlich zusammen. Als wir dann beschlossen haben zu heiraten, waren meine Eltern absolut dagegen«, erklärt Anu. Zu dieser

Zeit studierten sie in Delhi. Anu wohnte in einem Hostel für Studentinnen, Vikas verbrachte die meiste Zeit heimlich bei ihr. »Als Anus Eltern erfuhren, dass wir zusammen sind, haben sie sie aus dem Hostel geholt und in ihrem Haus auf dem Dorf eingesperrt. Das war schlimm. Als ich nach Hause kam, war sie plötzlich nicht mehr da. Und ich hatte keine Ahnung, wo sie ist. Sie ging auch nicht an ihr Handy.« »Das konnte ich auch nicht, sie hatten es mir weggenommen«, erzählt Anu. »Ich bin dann zu ihren Eltern ins Dorf gefahren«, sagt Vikas. »Doch sie ließen mich nicht ins Haus«, erinnert er sich. »Sie wollten uns mit Gewalt auseinanderbringen«, ergänzt Anu.

»Ich habe dann alles meiner Familie und meinen Freunden erzählt«, berichtet Vikas. »Die Unterstützung war überwältigend. Sie haben gesagt, ›Vikas, wir holen dein Mädchen, egal wie viel es kostet und was passiert!‹« Vikas schmiedete zusammen mit seinen Cousins einen Plan. Mit möglichst vielen Leuten wollten sie vor Anus Elternhaus aufkreuzen und die Familie auffordern, Anu freizulassen. »Als wir schon auf dem Weg ins Dorf waren, klingelte plötzlich mein Handy. Anu war dran«, sagt Vikas. Anu übernimmt: »Als ich mit meinen Brüdern auf den Markt gegangen bin, habe ich mich aus dem Staub gemacht. In einem kleinen Kiosk habe ich mich versteckt, das Telefon genommen und Vikas angerufen.« Die beiden beben vor Aufregung, während sie ihre Geschichte erzählen. »Anu sagte zu mir, ich solle am nächsten Tag mit einem Auto kommen und sie holen«, sagt Vikas. Am frühen Morgen war es dann soweit. Noch vor Sonnenaufgang schlich sich Anu im Schlafanzug aus ihrem Elternhaus. »Als ich auf der Straße war, rannte ich um mein Leben. Meine Brüder hatten gedroht, mich und Vikas umzubringen, wenn wir heiraten würden. In dieser Familie wollte ich nicht länger leben«, sagt sie. Vikas fuhr unterdessen mit seinen Cousins im Auto durch das Dorf. »Wir waren sechs Mann. Bei so einer Sache kann es schon mal zu Gewalt kommen. Es werden sogar Menschen getötet, um die sogenannte Ehre der Familie zu retten«, Vikas schüttelt den Kopf. »Und das alles nur, weil wir uns lieben.« Plötzlich klingelte sein Telefon. Es war Anu. Sie verbarg sich wieder in dem Kiosk gegenüber der Bushaltestelle. »Der Kioskbesitzer war sehr nett. Als er mich sah, ohne Schuhe im Schlafanzug, hat er mich sofort zu sich gewunken und gesagt, dass ich mich bei ihm verstecken darf und dass er mich beschützt«, berichtet Anu. Als sie Vikas kommen sah, sprang sie aus ihrem Versteck. Die beiden heirateten noch am gleichen Abend. »Es musste schnell gehen«, sagt Vikas.

Sobald sie verheiratet waren, so hofften sie, würde Anus Familie die Beziehung akzeptieren und sich vielleicht beruhigen. Doch es vergingen Monate, bis Anus Brüder aufhörten, das Paar zu bedrohen. »Es war eine harte Zeit. Wir mussten uns ständig verstecken und hatten oft Angst«, erzählt Anu. Heute hat sich der Zorn ihrer Familie zwar gelegt, doch hat sie seit dem Tag ihrer Flucht keinen Kontakt mehr zu ihren Brüdern. »Das bedauere ich sehr«, sagt Anu und schaut Vikas an. »Aber es hat sich gelohnt zu kämpfen. Liebe ist wirklich das schönste Gefühl auf dieser Welt.« Vikas entgegnet ihr: »Für mich bedeutet Liebe auch, dass ich immer für Anu da bin und für sie sorge. Das ist keine Formalität, sondern es kommt von innen. Wenn es ihr gut geht, geht es mir gut.«

Vikas und Anu hatten Glück, dass sie die Unterstützung von Vikas' Familie hatten. Ohne sie wären sie heute wahrscheinlich nicht zusammen, sagen sie. Liebe kann in Indien tatsächlich lebensgefährlich sein. Wir verabschieden uns von Vikas und Anu und steigen zum letzten Mal auf unsere Rikscha. Nur noch eine Handvoll Kilometer liegen vor uns, bis wir Nagenders Haus erreichen – der Ort, an dem unsere Reise begann. Ich nehme meinen Helm ab und lasse mir den Fahrtwind ins Gesicht wehen. Währenddessen reisen meine Gedanken noch einmal durch Indien.

Über 7000 Kilometer weit hat uns unser Blauer Blitz getragen. Auf unserem Weg haben wir viele Liebesgeschichten gehört, glückliche und traurige. Wir haben atemberaubende Liebesbeweise gesehen und auch das Glitzern in den Augen von Verliebten. Wir haben Tränen getrocknet und immer wieder festgestellt, wie nah Liebe und Schmerz beieinander liegen. Wir haben die tödlichen Feinde der Liebe, die Eifersucht und die Gewalt, kennengelernt. Mein Bild, das ich bislang von der Liebe hatte, wurde auf dieser Reise mehr als nur ein Mal komplett auf den Kopf gestellt. Meine Sorgen um meine Freundin Kanika sind nicht kleiner geworden, mein Verständnis für ihre Einstellung zur arrangierten Ehe hingegen ist gewachsen. Eins ist mir klar geworden – ganz egal, ob wir aus Indien oder Deutschland kommen, die Liebe fühlt sich für uns alle gleich an. Vor dem schwarzen Eisentor schaltet Nagender den Motor aus. Er nimmt seinen Helm ab und dreht sich zu mir um. »Chrissi, wir haben es geschafft!«, sagt er und schließt mich in die Arme. »Unglaublich«, sage ich. Nagenders Mutter Satya steht schon in der Tür und erwartet uns. »Ich dachte schon, ihr kommt zu spät zur Hochzeit«, sagt sie und lacht.

Vorsicht Liebe! Wer sich in Indien in den oder die »Falsche« verguckt, muss gegen starken Widerstand kämpfen. Eine sofortige Hochzeit ist oft unausweichlich für Verliebte, wenn sie zusammen sein wollen.

Die Hochzeit

Delhi

Das geräuschvolle Treiben vor Nagenders Haus weckt mich. Schon morgens ist es unerträglich heiß. Schonungslos wird die Sonne im Laufe des Tages die Stadt bis über 40 Grad aufheizen. Heute beginnen die Feierlichkeiten für Kanikas Hochzeit. Zuerst findet die Ringzeremonie statt, eine Art Verlobungsfeier. Anschließend wird es eine Party für Kanika geben. Die eigentliche Hochzeit ist morgen. Über 600 Gäste kommen, einer davon ist mein Bruder Jonas.

Den großen Festsaal und die Tafeln schmücken Girlanden, Rüschen, Hussen und Tischdecken. Die Klimaanlagen laufen mit voller Kraft. Gut hundert Gäste sind da, mittendrin entdecke ich Kanika, umringt von ihren Freundinnen. Sie trägt einen Sari mit goldener Bordüre und einen Schleier aus Tüll. Sie sieht wunderschön aus.

Als sie mich sieht, greift Kanika nach meiner Hand. Zwischen den Stuhlreihen führt ein Gang zu einer Bühne. Dort steht ein Sofa aus Ebenholz und Samt. Gemeinsam gehen wir vor; sie zittert vor Aufregung. Ihr zukünftiger Mann wartet vor der Bühne. Er ist groß, trägt ein Seidenhemd und lächelt sanft. Kanika legt ihre Hand in seine. Er führt sie zum Sofa und beide nehmen Platz.

Eine Schar aus Fotografen und ein Filmkameramann stürzen sich nun auf das Paar. Kanikas Gesichtszüge sind immer noch starr vor Aufregung. Ihr zukünftiger Mann versucht, sie mit Scherzen aufzuheitern. Beide lachen. Sein Name ist Ajay Singh. Er stammt aus der gleichen Kaste wie Kanika und arbeitet als IT-Spezialist.

Die Familien umringen das Paar. Sie werfen Blüten und Reis und überreichen Geldscheine oder Süßigkeiten. Im Blitzlichtgewitter stecken sich Kanika und Ajay goldene Ringe an. Danach möchte jeder Gast ein Foto mit den beiden und gratulieren. Kanikas

---

Ich beobachte Kanika genau. Sie wirkt fröhlich und aufgedreht. Oft ist sie aber auch still und nachdenklich (linke Seite). »Ich versuche, das Fest zu genießen und nicht daran zu denken, was morgen wird«, sagt sie.

Schwester Vishaka und ihre Mutter stehen bei ihr, reichen Wasser, pudern ihr Gesicht oder rücken den Schleier zurecht. Auch mit den Eltern von Ajay werden Fotos gemacht – in einigen für europäische Augen befremdlichen Posen, etwa wenn das Paar die Füße der Eltern berührt. Eine gängige Geste des Respekts in Indien.

Nach der Fotosession wird das Büfett eröffnet. Als alle satt sind, verlässt Ajay mit seiner Großfamilie den Saal. Mit ihnen verschwindet die Förmlichkeit. »Jetzt wird gefeiert«, sagt Kanika und strahlt. Alle ziehen sich etwas Bequemes an und die Stimmung steigt. Drei Medhi-Künstler bemalen die Frauen, allen voran die Braut, mit verspielten Ornamenten aus Henna.

Ein DJ eröffnet die Tanzfläche, aus Riesenboxen dröhnen Bollywood-Songs. Hier braucht niemand eine Aufforderung oder ein Bier, bevor er oder sie sich auf die Tanzfläche traut. Ertönt in Indien Musik, wird getanzt. Alt und Jung werfen Arme und Beine in die Luft, wiegen ihre Körper zu den indischen Beats. Die Hausordnung verbietet Alkohol, und da die Frauen ohnehin nichts trinken, möchten sie auch ihre Männer fernhalten. Die gönnen sich trotzdem einige Gläser, wenn auch heimlich. Alle spielen in diesem skurrilen Versteckspiel ihre Rolle: Die Männer tun so, als hätten sie nichts getrunken, und die Frauen tun so, als kauften sie ihnen das ab.

Die älteren Männer um Kanikas Vater haben draußen Bänke aufgestellt und genehmigen sich im Schutz der Dunkelheit Whisky, Bier und Zigaretten. Kanikas Vater Devender erzählt mir, dass in Indien traditionell die Familie der Braut die Hochzeit bezahlt und obendrauf die Angehörigen des Bräutigams beschenken muss. Ich empfinde das als ungerecht. »Wie viel musstet ihr bezahlen?«, frage ich Devender. »Umgerechnet etwa 36 000 Euro. Ich habe einen Kredit aufgenommen«, sagt er und hebt seinen Whiskybecher.

Im Festsaal liegt Kanika auf dem Samtsofa und lässt sich bedienen. Dass ihr Gewand zur Seite rutscht und ihre Beine bis zu den Oberschenkeln entblößt, stört sie kein bisschen. Im Gegenteil, sie scheint es zu genießen, fühlt sich sexy und weiblich. »Mit der Hochzeit wird in Indien eine junge Frau erwachsen«, kommentiert Nagender. Dann rennt er auf die Bühne und trägt seine Cousine zur Tanzfläche. Zusammen tanzen wir uns in dieser Nacht in einen Rausch.

Die Hochzeit beginnt am nächsten Tag erst nach Sonnenuntergang. Geschminkt, frisiert und fein gemacht finden sich 600 Menschen an der »Hochzeitshalle« ein. Sie steht in einer Straße, in der sich die Hochzeitshallen reihen, rechteckige Bauten mit blinkenden Leuchtfassaden. Ein weißer Maruti mit Blumenschmuck parkt vor der Halle – das Geschenk des Brautvaters. Der Saal ist festlich dekoriert und an Kitsch kaum zu übertreffen. Es gibt ein Büfett mit Snacks und eine ganze Kompanie an Kellnern. Die Tanzfläche ist bereits jetzt gefüllt.

Vor der Halle warten wir auf die Ankunft des Bräutigams. Trommeln kündigen ihn an. Ajay kommt in einer silbernen Kutsche. Er sitzt auf einem Thron, um ihn herum Freunde, sie recken die Hände in die Luft, singen und schreien aus vollem Hals. Ajay trägt einen goldbestickten Anzug und einen Turban. Vor der Halle muss er ein Band durchschneiden und eine Art Zoll zahlen, bevor ihm die unverheirateten Frauen von Kanikas Seite Eintritt gewähren. Die Männer tanzen in den Saal hinein. Vor der Bühne wartet Ajay auf seine Braut. Unter einem Dach aus Blumen, getragen von den Männern aus ihrer Familie und begleitet von Tanz und Gesang, schreitet Kanika auf Ajay zu. Ihr Hochzeitskleid in knalligem Rot ist mit Goldfaden bestickt. Kleid und Schmuck wiegen insgesamt acht Kilo. Kanikas Gesicht ist stark geschminkt, die Haut fast weiß, die Wangen rot. Sie lacht.

Als sich die Gelegenheit ergibt, spreche ich Ajay an. Er wirkt schüchtern und erzählt, dass er im Schichtdienst für eine Computerfirma arbeite und viel unterwegs sei. Er sagt, Kanika habe ihm sofort gefallen und er sei furchtbar verliebt. Ich frage ihn, wie er sich seine Ehe mit ihr vorstellt. »Ich möchte sie jetzt erst einmal richtig gut kennenlernen und herausfinden, was sie mag und wie sie ist. Ich möchte mit ihr glücklich sein«, antwortet er.

Der Höhepunkt der Hochzeit findet erst weit nach Mitternacht statt. Viele Gäste sind schon gegangen oder auf den Sitzen eingeschlafen. Über die Uhrzeit entscheidet ein Hindupriester. »Aus dem Bauch heraus«, meint Nagender. Der Priester nennt es wohl eher »göttliche Eingebung«.

Um drei Uhr nachts wird in der Halle ein Pavillon aufgebaut. Brautpaar und Eltern nehmen darin auf Matratzen Platz. In einer Schale entfacht der Priester ein Feuer. Ringsum stehen in kleinen Schalen Gewürzpulver, Farbe, Reis und Ingwer, Teile der langen Gebetszeremonie. Während der Priester betet, kichern Kanika und Ajay anfangs. Auf einmal wird mir bewusst: Wenn Kanika die Halle verlässt, wird sie nicht wie sonst mit ihren Eltern, sondern mit

Während der Zeremonie müssen Ajay und Kanika viele kleine Rituale erfüllen. Ein Priester führt hierbei Regie. Er bestimmt auch den genauen Zeitpunkt ihrer Verheiratung (oben).

Kitschige Fotokulisse, wilder Tanz zu Bollywood Musik und der Höhepunkt, die Verheiratung vor dem rituellen Feuer – Kanika feiert die Hochzeit, von der sie geträumt hat. Ob der Mann ihren Träumen entspricht, wird sich erst noch zeigen.

ihrem Ehemann gehen. Ihrem Ehemann, den sie erst noch richtig kennenlernen muss.

Dann stehen Kanika und Ajay auf. Sie laufen um das Feuer herum – nach hinduistischem Glauben besiegelt das ihre Ehe. Kanika heißt nun nicht mehr Dahiya, sondern Kanika Singh. Ihre Mutter trocknet ihre Tränen mit ihrem Kopftuch. Langsam bewegt sich das Brautpaar in Richtung Ausgang. Die Hochzeitsgesellschaft folgt, vorweg die Fotografen. Jemand fährt den neuen Maruti vor, Ajays Eltern sitzen schon drin. Der Moment des Abschieds ist gekommen und Kanika fängt an zu weinen. Ihre Mutter nimmt sie in den Arm. Als Kanika im Auto sitzt, ruft sie mich. Ich quetsche mich zum geöffneten Fenster und sie streckt mir weinend die Arme entgegen. Das bricht mir das Herz. »Du bist stark, alles wird gut. Morgen sehen wir uns wieder, du bist nicht allein«, sage ich zu ihr.

Auf unserer Reise durch Indien habe ich gelernt, dass es arrangierte Ehen gibt, die glücklich sind und voller Liebe. Die Hoffnung bleibt, dass auch Kanika und Ajay lernen, sich zu lieben. Nagender und ich habe lange überlegt, was wir Kanika zur Hochzeit schenken. Wir haben uns für eine Kette mit einem Flügel-Anhänger entschieden und auf unsere Glückwunschkarte geschrieben: »Dieser Flügel soll Dich daran erinnern, dass Du frei bist.« Kanika hat dazu gesagt: »Mit eurer Freundschaft habt ihr mir längst Flügel geschenkt.«

Zwei Tage und zwei Nächte voller hinduistischer Rituale sollen das Paar in eine glückliche Ehe schicken (oben und unten).

Liebe ist Liebe

Freundschaft braucht Vertrauen

Christina: Nagi, unsere Reise ist zu Ende. Auf unserem Weg haben wir viele Menschen gefragt, was für sie Liebe ist. Jetzt bist du dran: Was ist Liebe für dich?
Nagender: Liebe bedeutet für mich, glücklich zu sein, wenn die Person, die man liebt, glücklich ist. Das ist eine Antwort, die sich aus all meinen Erfahrungen mit der Liebe zusammensetzt. Und ich bin ein bisschen stolz darauf, dass ich diese Form der Liebe leben kann. Konntest du herausfinden, ob sich Liebe in Indien und Deutschland unterschiedlich anfühlt?

Nach unserer Reise bin ich davon überzeugt, dass Liebe sich überall gleich anfühlt! Auf der ganzen Welt: Wenn du verliebt bist, dann fühlst du dich leicht, gewollt, sicher und unendlich stark.
Siehst du dann überhaupt noch einen Unterschied zwischen der Liebe in Indien und in Deutschland?

Der Unterschied liegt im Ausleben der Liebe. In Deutschland beginnt eine Beziehung mit Schmetterlingen im Bauch, in Indien entwickeln die Paare ihre Gefühle meist erst nach der Eheschließung. Das Gefühl des Verliebtseins und was folgt, wenn man die rosarote Brille langsam absetzt, ist in beiden Ländern ähnlich. Nicht das Land oder die Kultur bedingen den Unterschied, sondern das jeweilige Paar. Liebe kann von außen beeinflusst werden, doch ihre Basis beruht auf den Charakteren der Partner. Deshalb würde ich sagen: Es macht kaum einen Unterschied, wo auf der Welt man liebt. Liebe ist Liebe.
Denkst du, dass wir Inder in Sachen Liebe etwas von den Deutschen lernen können?

Ich denke, beide Seiten können voneinander lernen. Wir Deutsche können von Indern lernen, bei Problemen in der Partnerschaft nicht so schnell das Handtuch zu werfen und schlechte Zeiten länger auszuhalten. Inder können von Deutschen lernen, ihre Liebe auszudrücken und sie offen zu leben. Du hast selbst einmal aus

Liebe geheiratet und bist heute geschieden. Wie konntest du dich über die gesellschaftlichen Regeln hinwegsetzen?
Das zu erzählen, fühlt sich komisch an. Um das Maß des »Hinwegsetzens« zu verstehen, muss man erst einmal wissen, dass ich zu einer sehr konservativen Volksgruppe gehöre. Sie heißen *Jats* und ich nenne sie auch Indiens Taliban, weil sie so strenge Regeln befolgen. Wenn sich zum Beispiel ein Junge und ein Mädchen aus meiner Volksgruppe lieben und ihre Eltern sind damit nicht einverstanden, werden sie für die Ehre der Familie geopfert und von den Eltern getötet.

Wie ich es dennoch schaffen konnte, mich über diese Regeln hinwegzusetzen und zu überleben? Ich habe meinen Vater verloren, als ich noch sehr jung war. Meine Mutter sollte nach seinem Tod einem seiner Brüder zur Frau gegeben werden. Sie hat sich dagegen gewehrt und es geschafft, sich zu befreien. Sie hat sich als Alleinerziehende mit zwei kleinen Kindern durchgeschlagen. Vielleicht habe ich diese Kämpferinstinkte von ihr geerbt. Ich habe mich schon als junger Mann immer gegen Dinge gewehrt, die ich nicht gut fand. Ich habe mit meiner Frau ein Jahr lang zusammengelebt, bevor wir geheiratet haben. Unser Umfeld hat das nicht akzeptiert. Die Leute haben hinter unseren Rücken schlecht über uns geredet. Wir haben versucht, das zu ignorieren. So haben wir es auch nach der Scheidung gehalten.

Hast du durch diese Art zu leben etwas verloren?
Freunde und Verwandte haben sich von uns abgewandt und auf uns herabgesehen. Das tat schon manchmal sehr weh und ich habe deswegen nie viele Freunde gehabt. Aber ich habe gelernt, mit der Situation umzugehen. Heute fühle ich mich manchmal, als gehörte ich in dieser Gesellschaft einer völlig anderen Spezies an. Ich kann mich mit vielen Menschen in meinem Land nicht mehr unterhalten. Ich bin natürlich nicht der Einzige in Indien, der anders denkt und lebt. Es gibt viele, die mit den gesellschaftlichen Regeln nicht klarkommen. Deswegen sind die wenigen Freundschaften, die ich habe, ganz besondere.

Erinnerst du dich an das Priesterehepaar in Barsana? Ihre Beziehung schien völlig farblos und trist, ohne jedes Gefühl. Denkst du, ein Mensch kann ohne Liebe leben?
Sicherlich nicht lange, denn wir alle sehnen uns nach Liebe und Geborgenheit.

Die Priesterfamilie ist ein gutes Beispiel für die patriarchische Gesellschaft. Liebe spielt in ihrer Partnerschaft keine Rolle. Ich bin mir aber sicher, dass es in Deutschland auch solche Beziehungen gibt – Menschen, die nur noch aus Gewohnheit zusammenleben.

Wir haben aber auch so unglaubliche Liebesgeschichten wie die von dem *Mountain Man* gehört, die inspirieren und Hoffnung schenken. Was ist aus deiner Sicht die Grundlage für eine Liebe, die Berge spalten kann?
Ich denke, nur diejenigen, die sich selbst lieben, sind in der Lage, einen anderen Menschen zu lieben.

Wie hält man die Liebe am Leben?
Man muss es schaffen, sich gegenseitig ein Gefühl der Sicherheit zu geben und sich gleichzeitig Freiheit zuzubilligen. Das ist leichter gesagt als getan. Liebe lebt, wenn man sich selbst zurücknehmen kann. Liebe lebt weiter, wenn man gemeinsam Probleme löst.
Aber eines wollte ich dich noch fragen. Kanika ist nun seit ein paar Tagen mit Ajay verheiratet und lebt in seiner Familie. Wie geht es dir damit?

Meine Sorgen haben sich verändert. Ich habe durch unsere Reise einiges gelernt. Kanika ist offen und zuversichtlich, dass sie Ajay lieben wird. Sie will ihn lieben. Ihre innere Einstellung wird es ihr möglich machen. Ich habe also keine Angst mehr, dass sie niemals lieben wird. Was mir immer noch Sorge bereitet, ist ihr Leben als Hausfrau in Ajays Familie. Für mich als deutsche Frau ist es schwer erträglich, Kanika in diesen Zwängen zu sehen. Dass sie ihre Schwiegereltern bedienen muss, nicht einmal ein Dankeschön hört … Dass sie nicht allein vor die Haustür gehen darf und ihrem Schwiegervater die Pantoffeln anziehen muss. Die Art und Weise, wie sie sie behandeln, und die Einschränkungen, die sie erfährt, finde ich schrecklich.
Obwohl ich selbst Inder bin, weißt du, dass auch ich dieses Verhalten gegenüber Frauen verabscheue. Ich kann nicht das Denken des ganzen Landes ändern, aber ich verspreche, dass ich immer für Kanika da sein werde. Wenn sie ihre gesellschaftlichen Ketten durchbrechen möchte, werde ich ihr erster Helfer sein.

Wir wünschen Anjay und Kanika, dass ihre Ehe so süß und glücklich verlaufen mag, wie Liebesgeschichten der Filme aus Bollywood (rechte Seite).

mp3
ગુજરાતનો લોક લાડિલો કલાકાર
GUJARATI
songs
વિક્રમ ઠાકોર

Auf dem Land in Nordindien backen Frauen *Chapatis* nach Sonnenuntergang am offenen Feuer. Etwa 70 Prozent der indischen Bevölkerung lebt auf dem Land, nur etwa 30 in den Städten.

IMPRESSUM

Verantwortlich: Pamela Scholz
Redaktion: Britta Mentzel
Korrektorat: Franziska Sorgenfrei
Satz: Akademischer Verlags-service Gunnar Musan
Kartografie: Melanie Haydt
Umschlaggestaltung: derUhlig
Herstellung: Anna Katavic
Repro: LUDWIG:media
Printed in Slowenia by Florjancic Tisk

★★★★★

Sind Sie mit diesem Titel zufrieden? Dann würden wir uns über Ihre Weiterempfehlung freuen. Erzählen Sie es im Freundeskreis, berichten Sie Ihrem Buchhändler, oder bewerten Sie bei Ihrem nächsten Onlinekauf. Und wenn Sie Kritik, Korrekturen oder Aktualisierungen haben, freuen wir uns über Ihre Nachricht an NG Buchverlag, Postfach 40 02 09, D-80702 München oder per E-Mail an info@nationalgeographic-buch.de

Unser komplettes Buchprogramm finden Sie unter: www.nationalgeographic-buch.de

Textnachweis: Alle Texte stammen von Christina Franzisket, außer dem Vorwort: Das Vorwort stammt von Andreas Altmann, Reporter und Buchautor, mehrere Preise, mehrere Bestseller, lebt in Paris / www.andreas-altmann.com

Bildnachweis: Alle Aufnahmen stammen von Nagender Chhikara, außer:
Christina Franzisket: S. 14 (u.), 87 (m.), 99 (u.), 117 (u.), 122, 159 (o.)
Mohan Gidwani: S. 19 (m./u.).

Cover: Christina und Nagender mit ihrem »Blauen Blitz« (o.). Zwei strahlende Verliebte, kein häufiges Bild in Indien (u.); Rückseite: Eine alte Frau in der Rann von Kachchh (l.o.), Der Blaue Blitz in Gujarat (r.o.), An den Ghats von Varanasi (l.u.), Ein Pärchen vor dem Red Fort in Delhi (r.u.)
Seite 2–3: Auch in Indien finden sich heute Paare über das Internet; Seite 6–7: Im »Wilden Westen« Indiens, der Rann von Kachchh, begegnen wir diesem Reiter.

Die Deutsche Nationalbibliothek verzeichnet diese Publikation in der Deutschen Nationalbibliografie; detaillierte bibliografische Daten sind im Internet über http://dnb.d-nb.de abrufbar.

isbn 978-3-86690-655-6